长 江 经 济 带 高 质 量 发 展 研 究 丛 书 ⑩

总主编 秦尊文 副总主编 李浩

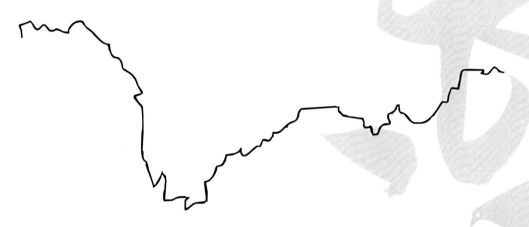

国家长江经济带
绿色发展试点示范研究

秦尊文 刘汉全 付晨玉 刘泓 著

WUHAN UNIVERSITY PRESS
武汉大学出版社

图书在版编目(CIP)数据

国家长江经济带绿色发展试点示范研究/秦尊文等著. —武汉：武汉大学出版社,2023.11(2024.12 重印)
长江经济带高质量发展研究丛书/秦尊文总主编;⑩
ISBN 978-7-307-24086-5

Ⅰ.国… Ⅱ.秦… Ⅲ.长江经济带—绿色经济—区域经济发展—研究 Ⅳ.F127.5

中国国家版本馆 CIP 数据核字(2023)第 201629 号

责任编辑：陈　红　　　责任校对：鄢春梅　　　版式设计：马　佳

出版发行：**武汉大学出版社** （430072　武昌　珞珈山）
（电子邮箱：cbs22@whu.edu.cn　网址：www.wdp.com.cn）
印刷：武汉邮科印务有限公司
开本：720×1000　1/16　印张：10　字数：179 千字　插页：1
版次：2023 年 11 月第 1 版　　2024 年 12 月第 2 次印刷
ISBN 978-7-307-24086-5　　定价：48.00 元

总　序

2017 年 10 月 18 日，习近平同志在党的十九大报告中指出"我国经济已由高速增长阶段转向高质量发展阶段，正处在转变发展方式、优化经济结构、转换增长动力的攻关期"，这是以习近平同志为核心的党中央首次提出"高质量发展"命题。2018 年 4 月 26 日，他在武汉召开的深入推动长江经济带发展座谈会上提出"以长江经济带发展推动高质量发展"。长江经济带高质量发展应以习近平新时代中国特色社会主义思想为指导，从五个方面深入推进。

一是深入推进科学发展。习近平总书记强调长江经济带建设要抓大保护、不搞大开发，不搞大开发不是不搞大的发展，而是要科学地发展。要科学发展就必须正确把握整体推进和重点突破的关系。从上中下游三大区域来看，重点在长江中上游地区。习近平总书记这次在长江沿岸考察，第一站就是在长江中上游结合部的宜昌，然后坐船顺流而下考察了长江中游的荆州、湖南岳阳，最后到了武汉，而上次发出"共抓大保护、不搞大开发"号召的座谈会是在上游的重庆召开的。这释放出一个强烈信号，就是党中央高度重视长江中上游地区的发展。我认为，这是实现区域经济协调发展和全面建成小康社会的需要。1988 年邓小平同志指出："沿海地区要加快对外开放，使这个拥有两亿人口的广大地带较快地先发展起来，从而带动内地更好地发展，这是一个事关大局的问题。内地要顾全这个大局。反过来，发展到一定的时候，又要求沿海拿出更多力量来帮助内地发展，这也是个大局。那时沿海也要服从这个大局。"① 这就是著名的"两个大局"战略思想。经过多年的发展，我国已经形成了一条比较发达的沿海经济带。以习近平总书记为核心的党中央高瞻远瞩，适时提出了长江经济带发展战略。长江经济带与沿海经济带构成一个 T 字形，长江经济带下游地区本身就与沿海经济带重合，因此实施长江经济带战略，重点和难点都在长江中上游地区。

---

① 邓小平文选：第三卷．北京：人民出版社，1993：277-288.

　　二是深入推进绿色发展。习近平总书记在武汉座谈会上强调正确把握生态环境保护和经济发展的关系，探索协同推进生态优先和绿色发展新路子。2014年国家正式提出长江经济带发展战略之后，相关省市都有"大开发"的冲动，很可能步入沿海地区已走过的"先污染、后治理"的老路。针对这种苗头，习近平总书记2016年1月及时在重庆召开推动长江经济带发展座谈会，明确提出要把修复长江生态环境摆在压倒性位置，共抓大保护，不搞大开发。这次他来湖北视察，又强调长江经济带绿色发展，关键是要处理好绿水青山和金山银山的关系。这不仅是实现可持续发展的内在要求，而且是推进现代化建设的重大原则。生态环境保护和经济发展不是矛盾对立的关系，而是辩证统一的关系。不能把生态环境保护和经济发展割裂开来，更不能对立起来。长江经济带的绿色发展，还要发挥市场主体和全社会的主动性和积极性。企业是长江生态环境保护建设的主体和重要力量，要强化企业责任，加快技术改造，淘汰落后产能，发展清洁生产，提升企业生态环境保护建设能力。只有企业的责任意识上去了，才会终结政府环保与企业之间"猫捉老鼠"的游戏。我们要深入贯彻总书记的"两山理论"，既要绿水青山，也要金山银山，绿水青山就是金山银山。只有真正转变了经济发展方式，绿色发展和高质量发展才能落实到位，才能形成"在发展中保护，在保护中发展"的良性循环。

　　三是深入推进有序发展。长江经济带发展是一项复杂的系统工程，首先必须有总体谋划。没有总体谋划就没有行动指南，就往往容易脚踩西瓜皮，滑到哪里算哪里。党中央、国务院2016年出台《长江经济带发展规划纲要》（以下简称《规划纲要》）就是总体谋划，就是一张宏伟的蓝图，相关省市都要按照总体规划来细化措施，稳步推进，有序发展，而不是一哄而上，甚至各自为政。要正确把握总体谋划与久久为功的关系，坚定不移将一张蓝图干到底，一茬接着一茬干，一届接着一届干，一年接着一年干，扎扎实实，步步为营。多做打基础、管长远的事，多做有利于可持续发展的事，做到"功成不必在我，成功路上有我"。要结合实施情况及国内外发展环境新变化，组织开展《规划纲要》中期评估，按照新形势新要求调整完善规划内容。要对实现既定目标制定明确的时间表、路线图，稳扎稳打，分步推进，久久为功。

　　四是深入推进转型发展。这就要求正确把握破除旧动能和培育新动能的关系，推动长江经济带建设现代化经济体系。破除旧动能就是要转换过去那种以物质投入、要素投入为主的发展方式，要破旧立新，要有新的发展理念、新的发展方式。2016年习近平总书记重庆讲话，主要是讲"不搞大开发"，破除旧动能，侧重点是"破旧"；2018 年在湖北视察过程中讲话主要谈科学发展、绿色发展和高质量发展，强调培育新动能，侧重点是"立新"。这就要求我们靠创新驱动长江经济带产业转型升级、建立现代化经济体系。过去我国科技很落后，技术创新很少，主要是在"跟跑"，现在我们追上来了，相当一部分在"并跑"，少数一些领域在"领跑"。在这种情况下，我们可以引进的技术相对会越来越少、越来越难，并且想引进来的高新技术别国通常不会轻易给，特别是国之重器还是要靠我们自己。我们要以壮士断腕、刮骨疗毒的决心，积极稳妥腾退化解旧动能，破除无效供给，彻底摒弃以投资和要素投入为主导的老路，为新动能发展创造条件、留出空间，实现腾笼换鸟、凤凰涅槃。

五是深入推进联动发展。习近平总书记武汉讲话明确要求，正确处理好自身发展与协同发展的关系，努力将长江经济带打造成为有机融合的高效经济体。可以说，"有机融合的高效经济体"是习近平总书记给长江经济带发展的新定位。长江经济带的各个地区、各个城市在各自发展过程中一定要从整体出发，树立"一盘棋"思想，实现错位发展、协调发展、有机融合，形成整体合力。长江经济带要高质量发展，必须是联动发展，即上下游联动，干支流联动，左右岸联动，各个区域联动，各个产业联动，包括水、路、港、岸、产、城的联动。要特别注重建立健全长江经济带高质量发展一体化推进机制。重点是加快推进重要政策一体化。如引资政策、财税政策、土地政策、开发区政策、金融政策、环境保护政策等方面保持基本的统一，要有统一的区域经济社会发展长远规划。要避免地区间的非市场化的政策性竞争，通过政府间的政策与规划协调，避免信息不充分条件下市场机制自发形成的重复建设、过度竞争的恶果。

作为占有长江干线最长通航里程、驻有国家各类管理长江机构的湖北省，对长江经济带发展的关注是"天然"的。早在 1988 年，湖北省委、省政府就提出了"长江经济带开放开发"战略，开全国之先河。湖北省是"长江经济带"概念的提出者，是建设长江经济带的先行者，当然开展长江经济带研究也最早、持续时间也最长。"长江经济带"上升为国家战略后，湖北人民欢欣鼓舞，斗志昂扬。2018 年湖北经济学院正式成立长江经济带发展战略研究院，并决定出版《长江经济带高质量发展研究丛书》，得到了武汉大学出版社的大力支持。丛书作者主要来自湖北经济学院、湖北省社会科学院，均长期从事长江流域经济及相关研究，研究对象为整个长江经济带。本套丛书既有对长江经济带发展的整体研究，也有长江经济带城镇化发展、产业发展、文化发展、政府合作等方面的专题研究。希望这套丛书能为长江经济带高质量发展作出湖北贡献。当然，丛书中可能还存在一些不完善的地方，敬请广大读者批评指正！

总主编　秦尊文

2019 年 8 月 5 日

目　　录

第一章　国家长江经济带绿色发展试点示范的背景与意义

推动长江经济带发展，是党中央、国务院主动适应把握引领经济发展新常态，科学谋划中国经济新棋局，作出的既利当前又惠长远的重大决策部署。为加强领导、推动工作，中共中央于 2014 年成立推动长江经济带发展领导小组，下设办公室。2018 年 4 月，习近平总书记提出在长江经济带"选择具备条件的地区开展生态产品价值实现机制试点"。推动长江经济带发展领导小组办公室认真贯彻落实这一重要指示精神，坚持先行先试、以点带面，先后支持上海崇明、湖北武汉、江西九江、重庆广阳岛、湖南岳阳开展长江经济带绿色发展示范，支持浙江丽水、江西抚州开展长江经济带生态产品价值实现机制试点，积极推进赤水河流域、三峡地区等重点区域生态优先、绿色发展，形成"5+2"的试点示范格局，推动长江经济带走出一条生态优先、绿色发展之路。目前，试点示范地区结合自身基础和独特优势，通过"护绿"为本、产业"添绿"、科技"助绿"、"点绿"成金、推陈"革绿"，初步探索出一些可复制推广的经验模式，为绿水青山转化为金山银山提供了有益路径。

第一节　国家长江经济带绿色发展试点示范的形成背景

长江是中华民族的母亲河，是我国重要的战略水源地、生态宝库和黄金水道，是中华民族永续发展的重要支撑。长江经济带横跨我国东中西三大区域，覆盖 11 个省市，人口和经济总量均超过全国的 40%，生态地位重要、综合实力较强、发展潜力巨大，在中国现代化建设大局中占据重要地位，是我国生态文明建设的"绿色脊梁"①。推动长江经济带发展是习近平总书记亲自谋划、亲自部署、亲自推动的事关发展全局的重大战略。早在 2014 年 9 月，《国务院

---

① 吴传清，黄磊. 长江经济带绿色发展的难点与推进路径研究［J］. 南开学报（哲学社会科学版），2017（3）：50-61.

关于依托黄金水道推动长江经济带发展的指导意见》（国发〔2014〕39号）就明确提出，要构建横贯东西、辐射南北、通江达海、经济高效、生态良好的长江经济带，并将"生态文明建设的先行示范带"作为长江经济带的四大战略定位之一，开始全面推动长江经济带发展成为绿色生态廊道。

一、推动长江经济带绿色发展的提出背景

保护好长江流域生态环境，是推动长江经济带高质量发展的前提，也是守护好中华文明摇篮的必然要求。多年来，习近平总书记一直心系长江经济带高质量发展，他站在历史和全局的高度，从中华民族长远利益出发，多次深入长江沿线考察调研，多次对长江经济带发展作出重要指示批示，先后三次主持召开座谈会并发表重要讲话，提出长江经济带发展要坚持生态优先、绿色发展的战略定位，为长江经济带绿色发展掌舵定航、谋篇布局。

（一）推动长江经济带绿色发展的初步发展

2016年1月初，习近平总书记赴长江上游重庆进行考察，听取了长江上游航运中心建设、现代化港口群布局、铁路公路水路联运、渝新欧国际铁路开行等情况介绍，了解了重庆推动长江经济带发展和"一带一路"建设、扩大内陆地区开放开发以及功能区生态文明建设情况。考察期间，习近平总书记指出，"保护好三峡库区和长江母亲河，事关重庆长远发展，事关国家发展全局。要深入实施'蓝天、碧水、宁静、绿地、田园'环保行动，建设长江上游重要生态屏障，推动城乡自然资本加快增值，使重庆成为山清水秀美丽之地"。[①] 2016年1月5日，习近平总书记在重庆主持召开推动长江经济带发展座谈会，进一步强调"推动长江经济带发展必须从中华民族长远利益考虑，走生态优先、绿色发展之路，使绿水青山产生巨大生态效益、经济效益、社会效益，使母亲河永葆生机活力"；他还提出"推动长江经济带发展必须坚持生态优先、绿色发展的战略定位"，指明"当前和今后相当长一个时期，要把修复长江生态环境摆在压倒性位置，共抓大保护，不搞大开发"的战略导向，明确要求"把长江经济带建设成为我国生态文明建设的先行示范带、创新驱动带、协调发展带"，为推动长江经济带绿色发展绘就宏伟蓝图。

2016年1月26日，习近平总书记主持召开中央财经领导小组第十二次会

---

① 习近平2016年首次国内考察赴重庆 都去了哪谈了啥？[EB/OL]. 中国共产党新闻网, http://www.chinanews.com.cn/m/gn/2016/01-07/7706211.shtml? ivk_sa=1024320u.

议，研究供给侧结构性改革方案、长江经济带发展规划、森林生态安全工作[1]。在此会议上他再次强调，"推动长江经济带发展，理念要先进，坚持生态优先、绿色发展，把生态环境保护摆上优先地位，涉及长江的一切经济活动都要以不破坏生态环境为前提，共抓大保护，不搞大开发"。2016年3月，全国人大通过的《中华人民共和国国民经济和社会发展第十三个五年（2016—2020年）规划纲要》也明确要求，推进长江经济带发展要"坚持生态优先、绿色发展的战略定位，把修复长江生态环境放在首要位置，推动长江上中下游协同发展、东中西部互动合作，建设成为我国生态文明建设的先行示范带、创新驱动带、协调发展带"。2016年5月，中共中央办公厅印发《长江经济带发展规划纲要》，作为推动长江经济带发展重大国家战略的纲领性文件，进一步要求推动长江经济带发展必须坚持生态优先、绿色发展的理念。2017年党的十九大报告中也提出，"以共抓大保护、不搞大开发为导向推动长江经济带发展"，这进一步表明推动长江经济带发展必须坚持生态优先、绿色发展的战略定位。

（二）推动长江经济带绿色发展的深化发展

从2016年1月重庆座谈会以来，长江经济带生态优先、绿色发展的理念已经愈发明晰，不断深入人心。2018年4月24日至25日，习近平总书记先后深入长江中游的湖北、湖南调研长江沿岸生态环境和发展建设情况，主要考察了化工企业搬迁改造、非法码头整治复绿、江水污染治理、湿地修复等情况，为长江经济带绿色发展进一步指明方向。在考察期间，习近平总书记提出，"我提出长江经济带发展共抓大保护、不搞大开发，首先是要下个禁令，作为前提立在那里。否则，一说大开发，便一哄而上，抢码头、采砂石、开工厂、排污水，又陷入了破坏生态再去治理的恶性循环。所以，要设立生态这个禁区，我们搞的开发建设必须是绿色的、可持续的"[2]。2018年4月26日，习近平总书记在武汉主持召开深入推动长江经济带发展座谈会，肯定了长江经济带发展的成绩，也指出长江经济带生态环境形势依然严峻等问题，表明长江生

---

[1]　习近平主持召开中央财经领导小组第十二次会议 研究供给侧结构性改革方案、长江经济带发展规划、森林生态安全工作［EB/OL］.共产党员网，https：//news. 12371. cn/2016/01/26/VIDE1453808707722843. shtml.

[2]　习近平乘船考察长江［EB/OL］.新华网，http：//www. xinhuanet. com/politics/leaders/2018-04/25/c_1122741011_2. htm.

态环境保护修复任务仍然十分艰巨。这一方面反映出习近平总书记对长江经济带绿色发展的持续关注，另一方面也反映了如果不能及时解决长江经济带绿色发展中存在的生态隐患和环境问题，将会严重制约现代化经济体系的整体建设发展。在座谈会上，习近平总书记明确提出长江经济带应该走出一条生态优先、绿色发展的新路子，关键是要处理好绿水青山和金山银山的关系。对此，他指出三条具体实施路径：一是要深刻理解把握共抓大保护、不搞大开发和生态优先、绿色发展的内涵；二是要积极探索推广绿水青山转化为金山银山的路径，选择具备条件的地区开展生态产品价值实现机制试点，探索政府主导、企业和社会各界参与、市场化运作、可持续的生态产品价值实现路径；三是要深入实施乡村振兴战略，打好脱贫攻坚战，发挥农村生态资源丰富的优势，吸引资本、技术、人才等要素向乡村流动，把绿水青山变成金山银山，带动贫困人口增收。其中第二条明确提出"选择具备条件的地区开展生态产品价值实现机制试点"。

此外，2018年12月的中央经济工作会议再次提出，"要推动长江经济带发展，实施长江生态环境系统性保护修复，努力推动高质量发展"；2019年12月的中央经济工作会议也强调"落实长江经济带共抓大保护措施"，这进一步强化了长江经济带绿色发展要求。

（三）推动长江经济带绿色发展的全面推进

自2016年在重庆召开推动长江经济带发展座谈会之后的五年时间里，长江经济带绿色发展深入推进，绿色发展活力和动力不断增强。在"十三五"即将收官之际，面对错综复杂的国际形势和艰巨繁重的国内改革发展稳定任务，2020年10月，中共十九届五中全会明确指出"生态环保任重道远"，要求"推动绿色发展，促进人与自然和谐共生。坚持绿水青山就是金山银山理念，坚持尊重自然、顺应自然、保护自然，坚持节约优先、保护优先、自然恢复为主，守住自然生态安全边界。"同时，中共十九届五中全会审议通过的《中共中央关于制定国民经济和社会发展第十四个五年规划和二〇三五年远景目标的建议》也提到要推进长江经济带发展，"打造创新平台和新增长极""强化河湖长制，加强大江大河和重要湖泊湿地生态保护治理，实施好长江十年禁渔"等。

2020年11月12日至13日，习近平总书记赴长江下游江苏考察调研，先后到南通市五山地区滨江片区、南通博物苑，扬州市运河三湾生态文化公园、江都水利枢纽等地，考察长江、大运河岸线环境综合治理等情况。在考察期间，他强调"生态环境投入不是无谓投入、无效投入，而是关系经济社会高质量发展、可持续发展的基础性、战略性投入。要坚决贯彻新发展理念，转变发展方式，优化发展思路，实现生态效益和经济社会效益相统一，走出一条生态优先、绿色发展的新路子，为长江经济带高质量发展、可持续发展提供有力支撑"。① 2020 年 11 月 14 日，习近平总书记在南京主持召开全面推动长江经济带发展座谈会，赋予了长江经济带生态优先绿色发展主战场、畅通国内国际双循环主动脉、引领经济高质量发展主力军的新战略使命，指出长江经济带要践行新发展理念，构建新发展格局，推动高质量发展。② 在会上，习总书记作出"要加强生态环境系统保护修复""要在严格保护生态环境的前提下，全面提高资源利用效率，加快推动绿色低碳发展，努力建设人与自然和谐共生的绿色发展示范带""要把修复长江生态环境摆在压倒性位置，构建综合治理新体系，统筹考虑水环境、水生态、水资源、水安全、水文化和岸线等多方面的有机联系，推进长江上中下游、江河湖库、左右岸、干支流协同治理，改善长江生态环境和水域生态功能，提升生态系统质量和稳定性""要加快建立生态产品价值实现机制，让保护修复生态环境获得合理回报，让破坏生态环境付出相应代价"等重要指示，在新的时代条件下明确了长江经济带发展的定位与目标，对新阶段长江经济带绿色发展作出全面部署，推动长江经济带绿色发展进入全面深入推进发展阶段。

综上可见，从 2016 年起，习近平总书记多次在中央有关会议讲话中提及长江经济带生态优先、绿色发展问题，先后三次主持召开推动长江经济带发展座谈会，多次赴长江沿线地区考察调研生态环境问题，可见长江经济带绿色发展的重要性和必要性。三次会议主题从"推动"到"深入推动"再到"全面推动"，反映出长江经济带绿色发展呈现出循序渐进、以点带面的逐步发展过程。"共抓大保护，不搞大开发"是长江经济带发展一以贯之的战略导向，"生态优先、绿色发展"始终是习近平总书记对于长江经济带发展的战略定位，其关键就是要处理好绿水青山和金山银山的关系，必须加快建立生态产品价值实现机制，畅通"两山"转化路径。

---

① 习近平在江苏考察 先后到南通、扬州等地调研 ［EB/OL］. 新京报, https：//baijiahao. baidu. com/s？id＝1 683324182856681657&wfr＝spider&for＝pc.

② 国家发展改革委举行新闻发布会 介绍推动长江经济带发展五周年取得的成效 ［EB/OL］. 推动长江经济带发展网, https：//cjjjd. ndrc. gov. cn/gongzuodongtai/bangongshi/202101/t20210106_1264501. htm.

二、长江经济带绿色发展 "5+2" 试点示范格局的形成

2018 年在武汉召开深入推动长江经济带发展座谈会之后,习近平总书记又相继赴上海、重庆、江西、云南、浙江、安徽等长江经济带沿线省市进行深入考察并发展重要讲话,推动长江经济带绿色发展不断深化。沿江各地区纷纷抢抓战略机遇,积极谋划部署本地区融入长江经济带绿色发展的实施方案和行动举措,推动长江经济带绿色发展取得显著成效。从 2018 年以来,推动长江经济带发展领导小组办公室支持地方开展绿色发展试点示范,逐渐形成 "5+2" 的试点示范格局。

(一) 长江经济带绿色发展示范地区的建立

2018 年 12 月 23 日,国家推动长江经济带发展领导小组办公室印发《关于支持上海崇明开展长江经济带绿色发展示范的意见》(第 87 号),崇明成为长江经济带首个开展绿色发展示范的地区。多年来,崇明始终坚持生态立岛不动摇,切实把修复长江生态环境摆在压倒性位置,紧紧围绕打造世界级生态岛的目标,建立高标准的世界级生态岛指标体系,控制人口规模和开发强度,积极探索生态产品价值实现机制。

2019 年 1 月 27 日,经国家推动长江经济带发展领导小组办公室 97 号文件批准,武汉市获批长江经济带绿色发展示范城市。武汉市以规划为龙头,统筹生态、土地、空间等要素资源,做好绿色发展的顶层设计,科学编制了《武汉市加快推进长江经济带绿色发展示范实施方案》,重点围绕 "四水共治" 和科教资源创新驱动等方面先行先试,形成了生态治水示范样本等 "武汉绿色发展模式"。

2019 年 4 月,国家推动长江经济带发展领导小组办公室正式印发《关于支持重庆广阳岛片区开展长江经济带绿色发展示范的意见》,要求广阳岛积极探索生态环境系统性修复治理和生态产品价值实现机制的新路径、新模式、新机制。广阳岛成为长江上游地区首个国家支持开展长江经济带绿色发展示范的区域。① 据此,广阳岛高起点高质量规划建设 "长江风景眼、重庆生态岛",引领全市在优化生产生活生态空间、实施山水林田湖草生态保护修复、推进产

---

① 重庆:"长江风景眼" 生态修复的 "绿色金融密码" [EB/OL]. 推动长江经济带发展网, https://cjjjd.ndrc.gov.cn/gongzuodongtai/yanjiangyaowen/chongqing/202103/t20210309_1269296.htm.

业生态化和生态产业化、践行生态文明理念等方面发挥示范作用。①

2019 年 9 月，推动长江经济带发展领导小组办公室印发了《关于支持江西九江开展长江经济带绿色发展示范的意见》，九江市也获批长江经济带绿色发展示范区。九江市把建设长江经济带绿色发展示范区与推进高质量跨越式发展一同谋划、一并部署，全面推动生态环境问题整改，奋力打造百里长江"最美岸线"，加快建设区域航运中心，深度融入长江经济带建设。②

2020 年 8 月，推动长江经济带发展领导小组办公室印发《关于支持湖南岳阳开展长江经济带绿色发展示范的意见》，岳阳成为国家长江经济带绿色发展第 5 个试点示范城市。岳阳把修复长江和洞庭湖生态环境摆在压倒性位置，重点实施沿江化工企业整治、长江岸线码头整治、黑臭水体治理、沿江环湖生态修复、沿江环湖地区"空心房"整治、重点领域整治、河长巡河"七大行动"和洞庭湖生态环境专项整治"三年行动"，深入推进污染防治攻坚战，不断擦亮"绿"的底色。

（二）长江经济带生态产品价值实现机制试点的确立

沿江各地区创新实践"绿水青山就是金山银山"理念，积极探索绿水青山转化为金山银山的路径，形成一批示范经验。2019 年 1 月，浙江省丽水市成为全国首个生态产品价值实现机制试点市。在试点期间，丽水市和中国科学院生态环境中心合作，依托中国（丽水）两山学院，研究并出台了全国首个山区市生态产品价值核算技术办法，发布《生态产品价值核算指南》地方标准，开展市、县、乡（镇）、村四级 GEP（生态系统生产总值）核算，为推动生态产品从"无价"到"有价"提供了科学依据。2019 年 9 月，江西省抚州市成为全国第二个生态产品价值实现机制改革试点市。抚州市聚焦绿水青山可量化、可变现、可发展、可持续，大力推进生态产业化和产业生态化，在绿色金融创新、价值转换路径、营造绿色生活氛围等方面主动作为，将生态优势逐步转化为发展胜势 。

综上可见，上海崇明、湖北武汉、重庆广阳岛、江西九江、湖南岳阳等长

---

① 广阳岛从六个方面开展绿色发展示范. 中国新闻网 [EB/OL]. https：//www.sohu.com/a/343473356_123753.

② 江西省发展改革委关于省十三届人大四次会议期间所提建议答复的函 [EB/OL]. 江西省发展和改革委员会, http：//drc.jiangxi.gov.cn/art/2020/11/4/art_14590_2885057.html.

江经济带绿色发展示范试点地区结合自身资源和禀赋特点，探索出生态优先、绿色发展的新路子。浙江丽水、江西抚州等长江经济带生态产品价值实现机制试点地区深入探索特色化的生态产品价值实现机制，为绿水青山转化为金山银山提供了有益经验。

第二节　国家长江经济带绿色发展试点示范的战略意义

支持地方开展长江经济带绿色发展的试点示范，是推动国家战略在地方先行先试的又一重大创新举措，既有利于地方抢抓国家战略机遇，在服务国家大局中积极推动地方生态文明建设和高质量发展，形成争做绿色发展先行者、勇当环境保护排头兵的良好氛围，又有利于地方在生态修复、环境保护、生态产品价值实现等方面形成一批可复制可推广的创新经验，推动生态文明建设和绿色发展，为全球生态环境治理贡献中国模式和中国智慧。

一、理论意义

开展长江经济带绿色发展试点示范是国家推动长江经济带绿色发展的创新实践，其背后蕴含着丰富的理论意义。这一举措不仅是习近平生态文明思想的充分体现和丰富发展，而且进一步贯彻落实了新发展理念，并推动长江经济带绿色发展体制机制不断创新。

（一）体现和丰富习近平生态文明思想

党的十八大以来，习近平总书记从谋求中华民族长远发展、实现人民福祉的全局出发，就中国特色社会主义生态文明建设的重大理论与实践问题提出了一系列新思想、新观点和新论断，形成了习近平生态文明思想，深刻地回答了为什么建设生态文明、建设什么样的生态文明、怎样建设生态文明等重要问题，是新时代中国生态文明建设的基本遵循，也是人与自然和谐共生的中国式现代化建设的根本指南[1]。在 2018 年 5 月召开的全国生态环境保护大会上，习近平总书记全面概括了我国生态文明建设的重要意义、基本原则和战略部署，从中也可以总结出习近平生态文明思想所包含的主要内容，即"坚持人与自然和谐共生""绿水青山就是金山银山""良好生态环境是最普惠的民生

---

[1]　汪信砚. 论习近平生态文明思想［EB/OL］. 中南民族大学学报（人文社会科学版），2023-07-17.

福祉""山水林田湖草是生命共同体""用最严格制度最严密法治保护生态环境""共谋全球生态文明建设"等思想，蕴含着"人与自然和谐共生"的生态自然观、"绿水青山就是金山银山"的生态发展观、"物质文明、政治文明、精神文明、社会文明和生态文明协调发展"的生态社会观、"环境就是民生"的生态民生观①。

推动国家长江经济带绿色发展试点示范是通过先行先试、以点带面的创新机制，推动长江经济带走出一条生态优先、绿色发展之路，充分体现和丰富了习近平生态文明思想。从总体上看，长江经济带建设的战略定位之一就是要成为生态文明的先行示范带。创建长江经济带绿色发展示范区，关乎整个长江经济带区域乃至我国生态文明建设全域全局。推动长江经济带绿色发展是关系中华民族伟大复兴、永续发展的伟大事业，既关乎长远又涉及广域，多域共进，才能共襄全局，谋好一域，就是贡献全局。通过建设长江经济带绿色发展示范区，能够以此为先手棋和突破口探索绿水青山转化为金山银山的可复制推广的经验模式，形成绿色发展方式，有利于推动长江经济带全域绿色发展，加快构建生态文明体系。从长江经济带绿色发展示范区发展实践上看，各示范地区始终把修复长江生态环境摆在压倒性位置，采取有力措施积极排查解决已有的和潜在的各类生态环境问题和风险隐患，结合地区特色和资源优势积极探索生态产业化和产业生态化新路径，在人与自然和谐共生、绿水青山就是金山银山等方面形成创新模式和示范效应，进一步细化和丰富了习近平生态文明思想。

（二）贯彻落实新发展理念

在经济社会进入由高速度发展转为高质量发展的新时代背景下，发展方式、发展动力和发展目标面临调整，需要新的发展理念和新的发展要求来指导发展。因此，中共十九大提出要坚定不移贯彻新发展理念，促进发展质量和效益不断提升。新发展理念是以创新、协调、绿色、开放、共享为主要内容的发展理念，它集中反映了我们党对发展规律认识的深化与创新，凸显出人民至上的价值导向，具有深刻的价值意蕴，为实现我国高质量发展提供了重要指引②。在 2020 年全面推动长江经济带发展座谈会上，习近平总书记强调，要

①　姚修杰. 习近平生态文明思想的理论内涵与时代价值 [J]. 理论探讨，2020（2）：33-39.

②　秦尊文，严飞，刘汉全. 长江经济带区域协调发展研究 [M]. 武汉：武汉大学出版社，2019.

贯彻落实党的十九大和十九届二中、三中、四中、五中全会精神，坚定不移贯彻新发展理念，推动长江经济带高质量发展，谱写生态优先绿色发展新篇章，打造区域协调发展新样板，构筑高水平对外开放新高地，塑造创新驱动发展新优势，绘就山水人城和谐相融新画卷，使长江经济带成为我国生态优先绿色发展主战场、畅通国内国际双循环主动脉、引领经济高质量发展主力军。

推动国家长江经济带绿色发展试点示范是在创新、协调、绿色、开放、共享五大新发展理念指导下的重点工作，旨在通过发挥试点地区的示范带动效应推动长江经济带建设成为我国生态文明建设的先行示范带、创新驱动带和协调发展带，从而实现人与自然和谐共生。一方面，各试点地区贯彻落实绿色发展理念，坚持生态优先、绿色发展的战略定位，将改善长江流域生态环境、实施重大生态修复工程视为优先任务，大力加强流域生态系统修复和环境综合治理，不断夯实长江经济带绿色发展基础。同时，各试点地区贯彻落实创新发展理念，加大绿色低碳技术创新和推动绿色发展示范体制机制创新，以发展新技术、新业态为动力，加快构建绿色生态产业体系，持续优化产业结构，积极探索绿水青山转化为金山银山的实现路径，不断提升生态经济发展能级。另一方面，推动国家长江经济带绿色发展试点示范按照整体推进和重点突破相协调、把自身发展放到协同发展的大局之中的思路开展工作，切实贯彻落实协调发展理念。从每个试点地区来看，它们都围绕长江经济带绿色发展试点示范建设目标，坚持从生态系统整体性和长江流域系统性着眼，加强统筹规划，确保一张蓝图绘到底，统筹生态、土地、空间等要素资源，统筹山水林田湖草等生态要素，全面做好生态修复和环境保护工作。从长江经济带全域来看，每个试点地区在推动自身绿色发展、全力落实示范工作的基础上都坚持从整体出发，主动融入长江经济带发展战略，实施积极主动的开放合作，旨在形成一批生态绿色发展可复制、可推广的经验路径，为实现长江经济带全流域生态环境联防联控、产业发展协同创新、基础设施共建共享提供有力支撑，不断推动长江经济带区域协调发展。

（三）创新长江经济带绿色发展体制机制

支持开展长江经济带绿色发展试点示范和生态产品价值实现机制试点是推动长江经济带绿色发展的创新工作方式。早在 2013 年，国家发展改革委就联合财政部、原国土资源部、水利部、原农业部、原国家林业局制定了《国家生态文明先行示范区建设方案（试行）》，提出选取不同发展阶段、不同资源环境禀赋、不同主体功能要求的地区开展生态文明先行示范区建设，总结有效做法，创新方式方法，探索实践经验，提炼推广模式，完善政策机制，以点带面地推动生态文明建设。2016 年 9 月，中共中央印发实施的《长江经济带发展规划纲要》也提出开展生态文明先行示范区建设。即全面贯彻大力推进生态文明建设要求，以制度建设为核心任务、以可复制可推广为基本要求，全面推动资源节约、环境保护和生态治理工作，探索人与自然和谐发展的有效模式。2018 年 4 月，习近平总书记在深入推动长江经济带发展座谈会上提出，要积极探索推广绿水青山转化为金山银山的路径，选择具备条件的地区开展生态产品价值实现机制试点。据此，推动长江经济带发展领导小组办公室创新工作思路和工作方式，先后支持一些地方开展了绿色发展示范和生态产品价值实现机制试点，从而有利于形成一批可复制推广的地方经验。通过先行先试、以点带面的方式推动长江经济带绿色发展，对于不断改善长江沿线生态环境、建设绿色生态产业体系具有重要作用。

试点地区在建设长江经济带绿色发展示范城市和探索长江经济带生态产品价值实现机制的过程中也不断创新绿色发展体制机制，为长江经济带绿色发展提供制度保障。例如，上海崇明深入落实"生态+法治"发展战略，建立生态环境保护司法行政联动机制，初步构建"1+X"的法制保障体系。湖北武汉探索创新市域内跨区断面水质考核奖惩和生态补偿机制，精细设置奖惩标准，率先启动长江、汉江跨区断面水质考核奖惩和生态补偿。江西九江做好"生态红线""生态公益林"等保护红线区的划定工作，制定环保准入"负面清单"，不断完善"河长制""湖长制"和"林长制"组织体系。浙江丽水制定全国首个山区城市生态产品价值核算技术办法，开展了市县两级以及试点村镇生态系统生产总值（GEP）核算评估。江西抚州积极探索生态资产的资本运作模式，推进广昌、资溪、宜黄、乐安等县探索开展水域经营权改革等。

二、实践意义

2018 年 5 月以来，推动长江经济带发展领导小组办公室先后支持一些地方开展了绿色发展示范和生态产品价值实现机制试点，构建了"5+2"的试点示范格局，形成了一批可复制、可推广的模式经验，为引领长江经济带高质量发展提供了示范样板、取得了显著成效，对于保护长江经济带生态环境、推动长江经济带绿色发展和推进全球环境治理具有重要实践意义。

（一）充分调动长江经济带沿线省市绿色发展的积极性和主动性

推动长江经济带绿色发展是党中央作出的重大决策，是关系国家发展全局的重大战略,是贯彻落实习近平生态文明思想的具体实践。绿色发展示范承载着绿色发展的使命,映照着生态惠民利民的初心。通过选择在一些有条件有基础的地方先行先试,能够充分发挥地方政府的创新精神和人民群众的创造精神,有利于激发长江经济带沿线省市在绿色发展上争当表率、争做示范、走在前列。一方面,争创长江经济带绿色发展示范,能够使长江经济带沿线省市自觉将承担长江经济带发展这一国家战略作为自己的使命和任务,把探索生态优先、绿色发展的新路子和探索绿水青山转化为金山银山的实现机制与促进地方经济可持续发展有机结合,将国家战略机遇转化为地方发展新优势,不断在实现长江经济带绿色发展中推进地区经济高质量发展,在先行先试中积极为全国绿色发展提供可复制推广的成功经验。另一方面,争创长江经济带绿色发展示范也要求沿线省市以更高的站位、更宽的视野、更大的格局践行新发展理念,明确推动长江经济带绿色发展的整体思路和行动方案,倒逼它们采取有力措施解决各类生态环境突出问题和风险隐患,持续推进长江生态环境修复与治理,引导它们结合自身条件和资源优势积极探索生态产品价值实现路径,加快构建绿色生态产业体系,为引领长江经济带绿色发展提供示范样板。

开展长江经济带绿色发展试点示范,还能全面展现地方政府绿色发展工作成效。各试点地区充分发挥开展绿色发展示范工作的积极性和主动性,统一思想认识,强化顶层设计,高位推进生态修复、环境保护、绿色发展工作任务,深耕厚植自身生态基底,不断增强生态发展战略优势。例如,上海崇明深入实施《上海崇明开展长江经济带绿色发展示范实施方案》,将围绕水、土、林、滩、气等生态领域,加强生态修复和保护,在人与自然和谐共生的新路径方面形成示范效应,努力打造成为长江经济带生态环境大保护的标杆和典范、长三角地区绿色发展的重要标志。湖北武汉科学编制《武汉市加快推进长江经济带绿色发展示范实施方案》,重点围绕"四水共治"和科教资源创新驱动等方面先行先试;及时制定《武汉长江大保护滨江带规划》等一系列专项规划,提出"一轴、三区、六段"的滨江带总体功能布局,"江湖联通、四水共治、分区治理、立法管控"的滨江带保护利用模式和"功能提升、生态修复、特色塑造、设施重构"的滨江带保护利用战略。江西九江在建设长江经济带绿色发展示范区中,重点围绕产业园区转型升级、山水林田湖草综合治理、生态环境治理新机制等方面进行探索,力争形成示范效应,努力实现"水美""岸美"和"产业美"。重庆广阳岛紧紧围绕"长江风景眼、重庆生态岛"的高远立意和丰富内涵,立足自然生态本底、历史人文本底、发展建设本底,深化完善"护山、理水、营林、疏田、清湖、丰草"6 大策略和 18 条具体措施。湖南岳阳重点围绕优化空间布局、加强生态保护与环境治理、破解"化工围江"难题、实施乡村振兴战略、完善配套服务体系、推进体制机制创新等方面进行探索，以在营造和谐江湖生态系统、破解"化工围江"难题、构建生态产品价值实现机制等方面形成示范为方向，力争成为湖南"一带一部"（指"东部沿海地区和中西部地区过渡带、长江开放经济带和沿海开放经济带结合部"）高质量发展的先行区和长江经济带绿色发展桥头堡。

（二）全面改善和保护长江经济带生态环境

长江经济带横跨我国"两屏三带"生态安全战略中的八大国家级重点生态功能区，森林资源丰富、水资源充裕、生物种类繁多、生态流量充足，在涵养江河湖泊水源、调节气候变化、保护生态多样性与防止水土流失方面发挥着巨大功效，是我国生态文明建设的重要支撑带，构成我国生态文明建设的"绿色脊梁"。[1] 但是，长期以来长江沿岸重化工业高密度布局，积累了大量传统落后产能，再加上长期高强度和高消耗的"大开发"和污染排放，使得长江经济带生态环境面临资源利用粗放浪费、生态系统破坏、环境污染严重等问题，制约长江经济带经济社会发展。在此背景下，长江经济带沿线省市认真贯彻落实习近平总书记重要讲话和指示批示精神，坚持生态优先、绿色发展的战略定位和共抓大保护、不搞大开发的战略导向，扎实推进生态环境突出问题整改，深入实施以"4+1"工程为重点的环境污染整治，加快推动产业绿色转型升级，使长江经济带生态环境保护发生了转折性变化，为长江经济带的"强身健体"和高质量发展奠定了良好基础。

从 2018 年以来，推动长江经济带发展领导小组办公室支持地方开展绿色发展试点示范，形成"5+2"的试点示范格局，试点地区积极探索生态优先、绿色发展新路子，显著改善了长江经济带生态环境质量。例如，上海崇明将绿色发展理念贯彻到生态岛建设的全领域和全过程，坚持底线思维，狠抓生态环境突出问题，严格落实生态环境分区管治，不断优化生态空间布局，加快培育生态产业，推动水体、植被、土壤、大气等生态环境要素品质不断提升，三岛"三个全覆盖"推进成效明显，城镇污水处理率达 94%，农村生活污水达标率 100%，生活垃圾无害化处理率 100%，森林覆盖率达 29.6%，环境空气质量优

---

[1]　付宏，冯银，陶珍生. 长江经济带工业绿色转型升级研究 ［M］. 武汉：武汉大学出版社，2019.

良率达到 90.8%，生态人居环境持续优化。① 湖北武汉深入实施"四水共治"，以"三湖三河"为重点，强力整治污水直排和劣 V 类水体，全力提升重点水体水质；大力实施东湖水环境综合治理，引领生态治水"示范样本"，探索出"水岸同治、生态修复、自我净化"为主的东湖生态治水模式；加快实施岸线码头清理整治，货运码头全部退出中心城区，两江核心区码头数量减少61%，趸船数量减少 63%。重庆广阳岛坚持生态修复先行，严格实行全岛封闭管理，促进自然生态系统恢复，已形成 2.7 平方公里次生山林，岛上现有植物383 种、动物 310 种；重点开展"一线六点九项"的生态修复和环境整治工作，全面启动 21.5 万平方米山体、1.6 万平方米溪流水体、42.6 万平方米林地、6.1 万平方米田地、6.0 万平方米湖塘、31.1 万平方米草地生态修复工程。江西九江围绕"水美、岸美、产业美、环境美"目标，全力打造百里长江最美岸线；通过 PPP 模式与三峡集团合作实施 145 亿元的水环境综合治理项目，大力整治城市水污染；按照建设"堤外绿化生态带、堤内园林景观带"要求，深入开展沿江环境综合提升，继续推进沿岸全面绿化、可视范围内矿山清理、裸露山体修复和码头复绿，已累计投入近 60 亿元，栽植各类乔灌木427.4 万株、芦苇 101 万株、铺草皮 33 万平方米、撒草籽 9775 公斤；已累计关停矿山 340 家，治理废弃矿山 5700 多亩。② 湖南岳阳以创建长江经济带绿色发展示范区为统揽，统筹推进洞庭湖治理和长江经济带保护，长江经济带绿色发展示范区建设取得实质性成效。2020 年以来，长江岳阳段水质达标率为100%，城区空气质量优良率为 90.7%，农药使用量同比减少 4%，测土配方施肥技术覆盖率达到 95%，完成长江岸线复绿 1.96 万亩，港口码头复绿 47.7 万平方米，岸线码头复绿率 100%，建成 3 处 50 米宽示范防护林带 10 公里，长江沿线洲滩、关停港口码头复绿率均达 100%，累计修复洞庭湖湿地生态 3.1万亩。③

①　上海市崇明区人民政府关于报送上海崇明开展长江经济带绿色发展示范自评报告的函 [EB/OL]. 上海市崇明区人民政府网，https：//www.shcm.gov.cn/govxxgk/qzfbgs/2022-09-26/f4ee1480-cecb-49a4 - af31-59c7e9353673.html.

②　长江经济带绿色发展试点示范成效初显 [EB/OL]. 推动长江经济带发展网，https：//cjjjd.ndrc.gov.cn/ gongzuodongtai/bangongshi/202002/t20200205_1219970.htm.

③　逐梦青山绿水！解码长江经济带绿色发展示范区建设的岳阳底气 [EB/OL]. 岳阳日报，https：//www.sohu.com/a/452150800_266238.

（三）形成推动长江经济带绿色发展的创新模式和中国经验

我国经济社会发展已进入加快绿色化、低碳化的高质量发展阶段，生态文明建设仍处于压力叠加、负重前行的关键期，加快推动长江经济带绿色发展对于建设美丽中国、实现人与自然和谐共生的现代化具有重要意义。支持地方开展长江经济带绿色发展试点示范不仅贯彻落实了习近平总书记关于"选择具备条件的地区开展生态产品价值实现机制试点"的重要指示，而且能够充分激发试点地区绿色发展的积极性和主动性，并通过先行先试、以点带面的方式，在生态保护修复、绿色发展、生态产品价值实现等方面探索形成一些可以在全国复制推广的地方经验模式，能够为推动中国特色社会主义生态文明建设和高质量发展提供创新模式。

推动国家战略在地方先行先试，积极发挥国家战略对地方高质量发展的牵引作用，是我们党治国理政的重要方式①，充分彰显了我国社会主义制度的优越性，也能够为全球环境治理贡献中国智慧。习近平总书记十分重视国家战略在地方先行先试，在各地考察时多次强调国家战略要在地方改革开放中先行先试，通过先行先试摸索出规律、积累了经验之后，再在全国范围复制和推广。例如，为推动生态文明建设，我国选取合适地方开展国家生态文明先行示范区建设，旨在探索符合我国国情的生态文明建设模式。2018 年 11 月，习近平总书记在上海考察时提出，希望上海继续当好全国改革开放排头兵、创新发展先行者，勇于挑最重的担子、啃最难啃的骨头，发挥开路先锋、示范引领、突破攻坚的作用，为全国改革发展作出更大贡献。推动长江经济带绿色发展试点示范也是国家战略在地方先行先试的体现，既有利于为地方发展提供新机遇和新动力，又能够有效发挥试点地区在生态修复、环境保护和生态产品价值实现等方面的示范引领作用，为探索长江经济带绿色发展探索新路径、积累新经验，可以更好地向世界展示中国绿色发展的创新思路和特色路径。

---

① 权衡. 国家战略在地方先行先试 牵引地方实现高质量发展 [EB/OL]. 光明日报, http：//theory. people. com. cn /n1/2022/0411/c40531-32395716. html.

第二章　长江经济带绿色发展的理论基础

推动长江经济带绿色发展，将长江经济带建设成为人与自然和谐共生的绿色发展示范带对于实现高质量发展、建设生态文明和美丽中国具有重要意义。面对严峻的生态环境形势和有限的生态资源，如何推动长江经济带绿色发展、实现人与自然和谐共生成为我国面临的重大时代课题，引发了学术界的广泛讨论，形成了丰硕的研究成果。

第一节　长江经济带绿色发展的文献综述

推动长江经济带发展是关系国家发展全局的重大战略，坚持生态优先、绿色发展是长江经济带发展的战略定位。十八大以来，推动长江经济带绿色发展的相关政策和规划不断出台，也引发学术界开展了关于长江经济带绿色发展的理论和实证研究，形成了丰富的学术成果。目前，以"长江经济带绿色发展"为主题的文献主要聚焦于长江经济带绿色发展政策分析、长江经济带绿色发展的水平测度和空间分布分析、长江经济带绿色发展的影响因素和对策措施分析等内容，为长江经济带绿色发展提供了坚实的理论基础。

一、关于长江经济带绿色发展政策的文献

在习近平生态文明思想指引下，长江经济带绿色发展政策不断丰富和完善。相关研究文献主要涉及长江经济带绿色发展政策内涵和发展演进、政策目标和政策效应等方面内容。

（一）关于长江经济带绿色发展政策内涵和发展演进的研究

关于长江经济带绿色发展政策的内涵主要集中于习近平总书记关于推动长江经济带发展重要论述的研究，学者们从不同层面对论述内容进行了解读。吴

晓华（2018）① 从战略定位、战略要求、重大原则、重要思想和行动准则等方面进行系统分析，认为习近平总书记关于长江经济带发展战略思想的内容包括坚持"生态优先、绿色发展"的战略定位、坚持"共抓大保护、不搞大开发"的战略要求、坚持"保护和发展协同推进"的重大原则、坚持树立"一盘棋"思想、坚持"一张图"打法。罗来正和文丰安（2018）② 从时代内涵进行分析，认为长江经济带抓大保护不是不搞发展，而是不能违反生态底线和红线，要实现绿色发展、高质量发展。王红玲（2018）③、石秀秀（2021）④ 等从核心内涵进行分析，认为"共抓大保护、不搞大开发"与"生态优先、绿色发展"是习近平总书记关于长江经济带发展重要论述的核心要义，实质是推动长江经济带经济社会绿色发展。

也有一些学者梳理了长江经济带绿色发展政策的发展演进脉络。吴传清和黄磊（2017）⑤ 总结了长江经济带战略的演变历程，认为改革开放以来长江经济带战略发展演变大致经历了初步构想、早期启动、中期探索和全面推进四个阶段。石秀秀（2021）⑥ 以习近平总书记关于推动长江经济带发展的三次座谈会为节点，将长江经济带绿色发展政策的发展脉络划分为初步形成、深化发展和丰富完善三个阶段。曲婷（2022）⑦ 梳理了长江经济带绿色发展的历史脉络和主要历程，提出长江经济带绿色发展的政策演进思路经历了从"粗放式发展"到"科学发展"再到"生态文明"的历史性变迁。

---

① 吴晓华．深入学习领会习近平总书记战略思想 以长江经济带发展推动经济高质量发展 ［J］．宏观经济管理，2018，414（6）：8-11.

② 罗来军，文丰安．长江经济带高质量发展的战略选择 ［J］．改革，2018，292（6）：13-25.

③ 王红玲．习近平长江经济带发展重要战略思想研究 ［J］．湖北省社会主义学院学报，2018，109（3）：4-7.

④ 石秀秀．习近平总书记关于长江经济带绿色发展重要论述研究 ［D］．武汉：中国地质大学，2021.

⑤ 吴传清，黄磊．长江经济带绿色发展的难点与推进路径研究 ［J］．南开学报（哲学社会科学版），2017（3）：50-61.

⑥ 石秀秀．习近平总书记关于长江经济带绿色发展重要论述研究 ［D］．武汉：中国地质大学，2021.

⑦ 曲婷．长江经济带绿色发展政策的演进与展望 ［J］．长江技术经济，2022，6（2）：26-31.

（二）关于长江经济带绿色发展政策目标和政策效应的研究

有关习近平生态文明思想和习近平总书记关于推动长江经济带发展重要论述的文献也从经济、社会和环境等角度分析了长江经济带绿色发展的政策目标。秦书生和杨硕（2015）① 认为改善人民群众的生存环境是我国走绿色发展道路的根本目标。焦艳和李合亮（2017）② 认为绿色发展理念与民生福祉和经济可持续发展相关，目的是为人民创造良好生产生活环境和推动我国经济社会发展。徐慧等（2022）③ 通过分析习近平生态文明思想的形成发展和在二十大的创新，总结得出生态文明建设就是要持续"推动绿色发展，促进人与自然和谐共生"，以建设美丽中国为目标，推动绿色产业发展更加现代化、科技化、集群化，推进污染防治全面统筹，生态系统多元共生，能源革命与"双碳"目标深入衔接，创造人与自然协调与可持续发展的文明新形态。

为形成推动长江经济带绿色发展的引领示范效应，国家鼓励地方先行先试建设绿色发展示范区或开展生态产品价值实现机制试点。基于这些政策实践，一些学者从理论和实证上论证了生态文明先行示范区建设、排污权交易试点等政策成效。对于生态文明先行示范区建设成效，汪克亮等（2022）④ 以 2014年设立的 5 个国家级生态文明先行示范区作为准自然实验，分别运用合成控制与双重差分方法检验生态文明先行示范区建设对碳排放强度的影响，并考察试点政策的空间溢出效应。研究表明整体而言，生态文明先行示范区建设显著降低了碳排放强度。陈军和肖雨彤（2023）⑤ 运用合成控制法与中介效应模型评估了中国生态文明先行示范区建设的碳减排效应，研究发现在考察期内，生态文明先行示范区的碳减排成效总体优于全国其他地区，示范区建设对实现

① 秦书生，杨硕．习近平的绿色发展思想探析［J］．理论学刊，2015，256（6）：4-11.

② 焦艳，李合亮．习近平绿色发展理念的形成及内容［J］．中共天津市委党校学报，2017，19（2）：39-44.

③ 徐慧，刘希，刘嗣明．推动绿色发展，促进人与自然和谐共生——习近平生态文明思想的形成发展及在二十大的创新［J］．宁夏社会科学，2022，236（6）：5-19.

④ 汪克亮，许如玉，张福琴，等．生态文明先行示范区建设对碳排放强度的影响［J］．中国人口·资源与环境，2022，32（7）：57-70.

⑤ 陈军，肖雨彤．生态文明先行示范区建设如何助力实现"双碳"目标？——基于合成控制法的实证研究［J］．中国地质大学学报（社会科学版），2023，23（1）：87-101.

"双碳"目标具有重要引领作用。对于排污权交易试点政策成效，傅京燕等（2018）① 采用双重差分法和双重差分倾向性得分匹配法实证检验了中国二氧化硫排污权交易对绿色发展的影响及其作用机制，结果发现中国二氧化硫交易机制实施后虽然促进了绿色发展，但作用甚微。吴朝霞等（2021）② 运用双重差分倾向得分匹配法研究排污权交易的污染减排效应、技术创新效应与产业结构升级效应，探讨排污权交易试点对绿色发展产生的影响，研究发现排污权交易能显著促进试点地区的污染减排和技术创新绩效。

二、关于长江经济带绿色发展情况的文献

关于长江经济带绿色发展情况的文献主要研究长江经济带绿色发展水平总体状况和区域差异、长江经济带产业绿色发展情况等内容，全面展示了长江经济带绿色发展的时空格局和产业布局。

1. 关于长江经济带绿色发展时空格局的研究

现有文献从总体发展水平、区域发展状况、空间差异等方面研究长江经济带绿色发展时空格局。从总体上看，长江经济带绿色发展水平呈稳步上升趋势，但区域之间发展不平衡特征明显（崔奇等，2020）③。李华旭等（2017）④研究得出 2010—2014 年长江经济带沿江地区绿色发展水平随着时间推移而呈现出稳步提高的总体趋势，上中下游地区之间呈现明显梯次分布的空间分异特征。黄磊和吴传清（2018）⑤ 研究得出 2011—2016 年长江经济带生态环境绩效呈上升态势，优于全国平均水平，但是内部分异显著，下游地区、上游地区、中游地区生态环境绩效逐次递减；环境绩效与经济发展水平呈正相关关系，上海、重庆、江苏、浙江四省市引领长江经济带绿色发展。陈晓雪和徐楠

———————————

① 傅京燕，司秀梅，曹翔. 排污权交易机制对绿色发展的影响 [J]. 中国人口·资源与环境，2018，28（8）：12-21.

② 吴朝霞，潘琪，胡素丹. 排污权交易试点能否促进绿色发展 [J]. 湖南科技大学学报（社会科学版），2021，24（3）：82-90.

③ 崔奇，俞海，王勇等. 长江经济带绿色发展：关于状态、特征与制约的文献综述 [J]. 环境与可持续发展，2020，45（3）：79-85.

④ 李华旭，孔凡斌，陈胜东. 长江经济带沿江地区绿色发展水平评价及其影响因素分析——基于沿江 11 省（市）2010—2014 年的相关统计数据 [J]. 湖北社会科学，2017（8）：68-76.

⑤ 黄磊，吴传清. 长江经济带生态环境绩效评估及其提升方略 [J]. 改革，2018，293（7）：116-126.

楠（2019）① 研究得出 2007—2017 年长江经济带绿色发展水平整体向好，但并不是"面面俱到"，而是"强中有弱"，长江经济带各地区绿色发展水平大致呈现由东向西梯次分布的局势。吴传清和周西一敏（2020）② 研究得出 2005—2017 年长江经济带绿色经济效率呈先升后降趋势，省际差异呈先缩小后扩大趋势；而且长江经济带绿色经济效率具有显著的空间自相关性，相邻省份的经济发展水平、对外开放度、环境污染治理对周边省份绿色经济效率具有正向促进作用。蔡绍洪等（2021）③ 研究得出 2008—2018 年长江经济带绿色发展水平不断提升，变化趋势呈现出稳定上升-平稳过渡-稳定上升三个阶段，具体表现为下游>中游>上游的空间格局；地区间绿色发展水平存在着正向的空间相关性，具有空间溢出效应，在各地区呈现出"大连片、小散落"的集聚类型，但是这种空间相关性正在逐渐减弱。

2. 关于长江经济带产业绿色发展的研究

现有研究主要以三大产业或某类产业为视角研究长江经济带产业绿色发展情况。从农业来看，周静（2021）④ 研究得出 2014-2019 年长江经济带各地区农业绿色发展总体水平明显提升，其中，长江中上游地区农业绿色发展速度最快，贵州、江西、湖北、重庆、云南、安徽年均增长率超过长江经济带的平均水平。何可（2021）⑤ 研究得出，自 2003 年以来，长江经济带农业绿色发展水平总体上渐入佳境，尤其是环境友好、质量高效和生活保障水平发展较快，但也面临着资源节约水平提升不足的困境；从区域差异来看，各地区之间的农业绿色发展水平差距正在不断缩小，但缩小速度呈放缓态势。从工业来看，长江经济带工业绿色发展效率呈平稳增长态势，上中下游地区分异明显，呈显著

① 陈晓雪，徐楠楠．长江经济带绿色发展水平测度与时空演化研究——基于 11 省市 2007—2017 年数据 [J]．河海大学学报（哲学社会科学版），2019，21（6）：100-108，112．

② 吴传清，周西一敏．长江经济带绿色经济效率的时空格局演变及其影响因素研究 [J]．宏观质量研究，2020，8（3）：120-128．

③ 蔡绍洪，谷城，张再杰．长江经济带绿色发展水平测度及时空演化特征 [J]．华东经济管理，2021，35（11）：25-34．

④ 周静．长江经济带农业绿色发展评价、区域差异分析及优化路径 [J]．农村经济，2021，470（12）：99-108．

⑤ 何可，李凡略，张俊飚，等．长江经济带农业绿色发展水平及区域差异分析 [J]．华中农业大学学报，2021，40（3）：43-51．

阶梯性特征（吴传清和黄磊，2018①；张榉榉等，2021②）。但是，李琳和张佳（2016）③ 研究得出长江经济带上中下游的工业绿色发展效率总体差异有所缩小。向云波等（2021）④ 研究了2001—2016年长江经济带化工产业绿色发展效率及其空间分异特征，得出长江经济带化工产业绿色发展效率显著提高，但存在明显的空间分异特征，如果不考虑能源利用效率和环境因素会高估长江经济带化工产业绿色发展效率。长江经济带化工产业绿色发展效率区域差异总体呈缩小趋势，区域间差异是长江经济带化工产业绿色发展效率差异的主要来源，但随着时间演进区域间差异缩小，区域内差异扩大。从旅游业来看，路小静等（2019）⑤ 研究得出2006—2016年长江经济带旅游业的能源消耗和碳排放总量持续攀升，旅游业绿色发展绩效有所改善，但长期粗放型发展模式使得旅游业绿色生产效率增幅较小。刘雨婧和唐建雄（2022）⑥ 研究得出2008—2019年长江经济带旅游业发展水平整体呈快速上升态势，"下游地区最高，中上游地区不相上下"，且以江苏、浙江、上海为主力，其他地区齐头并进的旅游业发展格局。此外，从产业结构上看，张跃和刘莉（2021）⑦ 认为长江经济带产业结构优化升级呈现显著的空间非均衡性，东西方向的非均衡性大于南北方向；长江经济带产业结构优化升级水平呈现东-中-西梯度式递减格局，东、中、西部地区均呈现"中心-外围"空间分布特征。

三、关于长江经济带绿色发展路径的文献

关于长江经济带绿色发展路径的文献主要通过研究长江经济带绿色发展的

① 吴传清，黄磊．长江经济带工业绿色发展效率及其影响因素研究［J］．江西师范大学学报（哲学社会科学版），2018，51（3）：91-99.

② 张榉榉，曹正旭，徐士元．长江经济带工业绿色全要素生产率动态演变及影响机理研究［J］．中国地质大学学报（社会科学版），2021，21（5）：137-148.

③ 李琳，张佳．长江经济带工业绿色发展水平差异及其分解——基于2004—2013年108个城市的比较研究［J］．软科学，2016，30（11）：48-53.

④ 向云波，王圣云，邓楚雄．长江经济带化工产业绿色发展效率的空间分异及驱动因素［J］．经济地理，2021，41（4）：108-117.

⑤ 路小静，时朋飞，邓志伟，等．长江经济带旅游业绿色生产率测算与时空演变分析［J］．中国人口·资源与环境，2019，29（7）：19-30.

⑥ 刘雨婧，唐健雄．长江经济带旅游业发展质量评价及其时空演变［J］．经济地理，2022，42（4）：209-219.

⑦ 张跃，刘莉．绿色发展背景下长江经济带产业结构优化升级的地区差异及空间收敛性［J］．世界地理研究，2021，30（5）：991-1004.

影响因素或制约因素，探究推动长江经济带绿色发展的政策措施或对策路径等内容，深入剖析长江经济带绿色发展的动力和方向。

1. 关于长江经济带绿色发展影响因素的研究

面对长江经济带水生态环境形势严峻、重化工产业比重较高、协同发展机制不健全等问题（吴传清和黄磊，2017）①，很多学者从产业集聚、环境规制、技术创新等方面探究影响和制约长江经济带绿色发展的因素。从产业集聚的影响来看，张治栋和秦淑悦（2018）② 研究得出制造业集聚与长江经济带城市绿色效率之间呈 U 形关系，服务业集聚对城市绿色效率的提升具有显著的促进作用。张会恒等（2021）③ 研究得出多样化产业集聚对长江经济带工业绿色创新效率有促进作用，而专业化产业集聚对长江经济带工业绿色创新效率具有显著抑制作用。袁华锡等（2022）④ 研究认为制造业集聚会通过劳动力蓄水池效应、中间投入共享效应和知识溢出效应显著影响长江经济带绿色发展绩效；当三大作用机制均处于低水平门槛区间时，制造业集聚有利于提高长江经济带绿色发展绩效，但是一旦越过门槛值，其效果由促进作用转变为抑制性影响。从环境规制的影响来看，尹礼汇等（2022）⑤ 研究得出命令控制型和市场激励型环境规制能够通过促进绿色技术创新和产业结构升级显著提升长江经济带制造业绿色全要素生产率。马珩和金尧娇（2022）⑥ 研究得出工业集聚与长江经济带工业绿色经济效率之间存在"U"形关系，环境规制在工业集聚对工业绿色发展的负向作用中具有负向调节效应；工业集聚对工业绿色发展的影响存在以环境规制为门槛的双重门槛效应，影响趋势随环境规制强度的加大呈现出负向影响逐渐减弱甚至由负转正的效果，且这种逆转效果在下游地区更为显著。从

① 吴传清，黄磊. 长江经济带绿色发展的难点与推进路径研究 [J]. 南开学报（哲学社会科学版），2017（3）：50-61.

② 张治栋，秦淑悦. 产业集聚对城市绿色效率的影响——以长江经济带 108 个城市为例 [J]. 城市问题，2018，276（7）：48-54.

③ 张会恒，孙辉，杜轶蔚，等. 产业集聚对长江经济带工业绿色创新效率影响机制研究 [J]. 华北理工大学学报（社会科学版），2021，21（4）：33-40，48.

④ 袁华锡，封亦代，余泳泽. 制造业集聚促进抑或阻碍绿色发展绩效？——来自长江经济带的证据 [J]. 经济地理，2022，42（6）：121-131.

⑤ 尹礼汇，孟晓倩，吴传清. 环境规制对长江经济带制造业绿色全要素生产率的影响 [J]. 改革，2022，337（3）：101-113.

⑥ 马珩，金尧娇. 环境规制、工业集聚与长江经济带工业绿色发展：基于调节效应和门槛效应的分析 [J]. 科技管理研究，2022，42（6）：201-210.

技术创新的影响来看，吴新中和邓明亮（2018）① 研究得出技术创新改进和技术规模效率是长江经济带沿线城市工业绿色发展的重要驱动力。吴传清和孟晓倩（2022）② 研究得出长江经济带数字化转型可通过加快绿色技术创新和优化能源结构推动制造业绿色发展，并且对制造业绿色发展具有显著的正向空间溢出效应。

2. 关于长江经济带绿色发展政策措施的研究

针对长江经济带绿色发展的问题和影响因素，学者们也从开展环境治理、促进技术创新和完善市场机制等方面提出推动长江经济带绿色发展的政策措施。卢丽文等（2016）③ 研究发现技术效率是制约长江经济带绿色城市综合效率提升的主要因素，建议共同推进生态环境的保护，改革创新环境管理体制机制，推行环境保护市场化，加强对环境的监管和治理。罗来军和文丰安（2018）④ 认为推动长江经济带高质量发展应在改善生态环境、促进转型发展、探索体制机制改革等方面着力，发挥区域协商合作机制作用，建立健全生态补偿与保护长效机制，强化共抓大保护的协同性。李强（2018）⑤ 通过研究环境规制对长江经济带环境污染的影响效应，提出建立跨区域的环境治理协调机制和生态补偿机制是实现长江经济带生态环境治理的重要手段。何寿奎（2019）⑥ 通过研究长江经济带生态环境治理与绿色发展协同机制，建议营造长江经济带环境治理与绿色产业发展协同推进的政策环境、构建生态环境服务定价机制与补偿机制、加强服务监督与评价。杜宇等（2020）⑦ 通过研究政府竞争与市场分割对城市绿色发展效率的影响，认为推动长江经济带绿色发展的

① 吴新中，邓明亮. 技术创新、空间溢出与长江经济带工业绿色全要素生产率 [J]. 科技进步与对策，2018，35（17）：50-58.

② 吴传清，孟晓倩. 长江经济带数字化转型对制造业绿色发展影响研究 [J]. 南通大学学报（社会科学版），2022，38（6）：37-47.

③ 卢丽文，宋德勇，李小帆. 长江经济带城市发展绿色效率研究 [J]. 中国人口·资源与环境，2016，26（6）：35-42.

④ 罗来军，文丰安. 长江经济带高质量发展的战略选择 [J]. 改革，2018（6）：13-25.

⑤ 李强. 正式与非正式环境规制的减排效应研究——以长江经济带为例 [J]. 现代经济探讨，2018，437（5）：92-99.

⑥ 何寿奎. 长江经济带环境治理与绿色发展协同机制及政策体系研究 [J]. 当代经济管理，2019，41（8）：57-63.

⑦ 杜宇，吴传清，邓明亮. 政府竞争、市场分割与长江经济带绿色发展效率研究 [J]. 中国软科学，2020，360（12）：84-93.

动力变革和效率变革，需要构建绿色转型与区域协调相融合的政策体系，完善以市场为导向的绿色技术创新生态，健全长江经济带市场一体化发展机制。梁琦等（2022）① 通过研究生态文明先行示范区的设立对生态效率的影响，建议进一步总结生态文明先行示范区的有效做法，在考虑异质性因素的前提下对城市进行差异化的政策组合设计，重点突出改造提升优势产业和激发创新能力。

四、文献述评

现有文献从政策背景、政策内涵、政策效应、发展水平、区域分布、产业状况、影响因素等方面研究了长江经济带绿色发展的成效、存在的主要问题和趋势特征，并提出了相关政策建议，形成了丰富的理论成果，为推动长江经济带绿色发展提供了坚实的理论支撑。然而，现有文献关于长江经济带绿色发展试点示范的研究较少，相关理论研究散见于论述某一绿色发展示范区建设的重要作用或实施路径，相关实证研究散见于对生态文明先行示范区建设、排污权交易试点等政策效果的分析，尚未直接系统深入分析长江经济带绿色发展的政策内涵和理论体系，也鲜有文献以绿色发展示范区或生态产品价值实现机制试点为准自然实验实证分析绿色发展试点示范的建设成效。鉴于此，本书聚焦于国家长江经济带绿色发展试点示范的政策和实践，在深入分析国家长江经济带绿色发展试点示范政策的提出背景、战略意义与相关理论的基础上，全面剖析各示范区试点示范工作实践和工作成效，并提出加强试点示范建设的政策建议，系统构建国家长江经济带绿色发展试点示范的理论体系，为试点地区发挥示范引领作用、全面推动长江经济带绿色发展提供理论基础和实践模式。

第二节　长江经济带绿色发展的相关理论

长江经济带绿色发展的理念、政策是在习近平生态文明思想的指引下，继承了中华民族优秀思想文化中的生态智慧的基础上不断形成发展和丰富完善的。长江经济带绿色发展的理论基础主要包括马克思主义生态观、绿色经济理论、循环经济理论和可持续发展理论等内容。

---

① 梁琦，肖素萍，刘玉博. 环境政策对城市生态效率的影响与机制研究——基于生态文明先行示范区的准自然实验［J］. 西安交通大学学报（社会科学版），2022，42（3）：61-70.

一、马克思主义生态观

习近平总书记在纪念马克思诞辰 200 周年大会上的讲话中明确提出，"学习马克思，就要学习和实践马克思主义关于人与自然关系的思想"。马克思主义生态观以辩证与实践的自然观为基本认识，坚持唯物主义的基本立场，为人类社会的发展提供了一幅人、自然、社会相和谐的美好蓝图，从而为长江经济带绿色发展指明了理论方向。马克思主义生态观是在承认自然界优先地位的前提下，以人的感性实践活动为基础和中介，坚持从社会历史角度理解人与自然的关系，把自然理解为人的本质力量对象化的结果，强调人对自然认识和改造的能动性（董强，2013①）。主要包括以下三个方面的内容：

关于人与自然的依存关系。马克思提出"人直接地是自然存在物。……人作为自然存在物，而且作为有生命的自然存在物，一方面具有自然力、生命力，是能动的自然存在物；这些力量作为天赋和才能、作为欲望存在于人身上；另一方面，人作为自然的、肉体的、感性的、对象性的存在物，和动植物一样，是受动的、受制约的和受限制的存在物，也就是说，他的欲望的对象是作为不依赖于他的对象而存在于他之外的；但这些对象是他需要的对象；是表现和确证他的本质力量所不可缺少的、重要的对象"。② 从中可以看出，马克思认为自然具有先在性和基础性作用，强调自然界是先于人和人类社会的客观存在，人类生存依赖于自然界提供的充沛资源，这也反映了物质第一性、意识第二性的唯物主义基本原则。自然的先在性及其规律制约着人类的实践活动，人类需要遵循自然规律，不能违背自然界的基本法则，不能将自己的价值追求凌驾于自然之上，否则就会受到自然的惩罚。同时，人对自然界具有依存关系。马克思指出，"人靠自然界生活。这就是说，自然界是人为了不致死亡而必须与之处于持续不断的交互作用过程的、人的身体"。③ 恩格斯也认为，人是自然界长期进化的产物，人类的一切都属于自然界，并且存在于自然界之中。因此，人生存的前提就是依靠和运用自然，离开自然提供的物质资料，人类将无法生存和发展；只要人类现实存在，不论人类社会发展到何种程度，都不能改变人对自然界的依赖性。

关于人与自然的改造关系。人的生产和动物的生产是有区别的，人与自然

---

①　董强. 马克思主义生态观研究 [D]. 武汉：华中师范大学，2013.

②　马克思恩格斯全集：第 42 卷 [M]. 北京：人民出版社，1979：167-168.

③　马克思恩格斯文集：第 1 卷 [M]. 北京：人民出版社，2009：161.

和谐关系的前提是人生产的全面性。在马克思看来，动植物只是本能地利用自然资源，动物的生产是片面的和无意识的，不具备任何的主观性；而人的生产是在一定的意识和目的支配下进行的人与自然之间的物质交换，人可以能动地改造自然界以满足自身需要，从而达到合目的性和合规律性的统一。在这一过程中，自然逐渐被人类所改造，变成了可供人类生存发展需要的产品，而人也能够通过欣赏自己生产出来的产品来体验自身所具有的能力和力量，进而催生出对自身创造性的美的情感，并把这种美的情感投射到产品上。因此，人能够按照美的规律改造自然界，并且必须尊重自然界的基本法则、顺应自然界的客观规律，从而形成人与自然的和谐。

关于人与自然的社会关系。从本质属性来看，人与自然关系的本质是社会关系，人类的社会关系决定着人与自然的关系性质。一方面，人是为了解决人与自然之间的矛盾而结成各种社会关系的，但因为人的能力的有限性，人必须联合起来才能够实现对自然的改造，所以为了解决人与自然之间的矛盾，人与人彼此依赖而结成相应的社会关系。这样，人与人的关系实质就是一种社会关系。另一方面，人类改造自然的活动是创造物质产品的活动，这种活动包含着产品的占有、分配、交换等方面的社会关系内容，所以必须在一定社会关系存在的条件下进行，人改造自然的能动性活动离不开社会关系的影响与制约。这样，人与自然的关系，实质上也是一种社会关系（崔健，2022）①。同时，人与自然关系的发展性也体现了社会历史性。在马克思看来，人类改造自然的历史活动就是其最基本的活动，而且人与人之间所结成的社会关系，形成于人类改造自然的活动之中，由此产生的人与自然和人与人的关系共同推动了人类社会的发展。因此，在社会发展的不同阶段中，人与自然的关系会受到社会历史条件的制约，并随着社会历史条件的改变而改变。而且人通过社会实践，将自在自然转变为人化自然，也赋予了自然以属人性与社会历史性。

二、绿色经济理论

绿色经济理论是长江经济带绿色发展的基础理论，强调一种资源节约型和环境友好型的经济形态。绿色经济的概念最早是英国环境经济学家 Pearce 于1989 年在其著作《绿色经济蓝图》中提出。他认为有害环境和耗竭资源的活动代价应该列入国家经济平衡表，强调经济发展必须是自然环境和人类自身可

---

① 崔健. 习近平关于绿色发展重要论述研究 ［D］. 大连：大连海事大学，2022.

以承受的，不会因盲目追求生产增长而造成社会分裂和生态危机，不会因为自然资源耗竭而使经济无法持续发展（张素兰等，2022）①。

诸大建（2012）② 深入分析了学术界和决策层对于绿色经济的三种理解。他认为最流行的绿色经济概念是效率导向的，绿色经济就是从粗放性地投入自然资本转向集约性地提高资源环境的利用效率或资源生产率。更深层的绿色经济概念强调经济增长的物质规模受到自然边界的限制，因此需要控制无限制的经济增长。最深刻的绿色经济概念强调在生态规模受到限制的情况下，经济增长需要关注公平，要保证地球上的每个人特别是穷人具有公平享受自然资本的权利。

唐啸（2014）③ 总结了绿色经济概念从生态系统目标导向到经济-生态系统目标导向再到经济-生态-社会系统视野演变的三个阶段，并提出绿色经济价值维度的三种导向。一是效率导向的绿色经济，其核心是经济系统的效率。这一理论聚焦于提高经济系统的效率，倾向于通过经济的绿色化来解决生态退化和环境污染问题。与传统可持续发展理论相比，这一范式下的绿色经济更多关注宏观领域的经济结构调整和产业政策，并强调资本流动的效应，不仅要求单位经济产值资源强度的下降，而且开始注重宏观的反弹效应。二是规模导向的绿色经济，其核心是生态系统的极限。这一理论强调控制经济的增长规模，实现经济发展与关键自然资本和污染排放的脱钩，希望通过限制生态规模总量迫使经济系统朝向更具效率和革新的方向发展。三是公平导向的绿色经济，其核心是社会系统公平。这一理论强调社会系统的公平是遏制生态压力增大、实现可持续发展的关键。该理论认为，生态压力持续增大的主要原因是财富分布的极端不公。规模和效率的冲突实质是人类福利优先还是生态保护优先的顺序性冲突，但是这两者可以通过社会系统的公平发展进行调和。它希望通过实现国家之间、人与人之间的平等，来扩大绿色就业、打破贸易壁垒、推动技术扩散、消除贫困人口，以实现社会系统的可持续发展，并以此缓解经济系统和生态系统的持续冲突和矛盾。

绿色经济理论主要是通过促进经济、生态、环境的和谐发展来维护人类赖

---

① 张素兰，张碧，刘翔，等．中国绿色发展的基础理论、内涵、实现路径及成效 [J]．环境生态学，2022，4（5）：109-114.

② 诸大建．从"里约+20"看绿色经济新理念和新趋势 [J]．中国人口·资源与环境，2012，22（9）：1-7.

③ 唐啸．绿色经济理论最新发展述评 [J]．国外理论动态，2014（1）：125-132.

以生存的环境和持续发展，通过合理利用、保护修复和优化配置生态资源，达到经济、社会和生态环境之间平衡有序发展的理论。基于此，一些学者在实证研究中从多角度构建绿色经济的效率指标。例如，王兵和刘光天（2015）[①] 用绿色生产率表示绿色经济增长，并将其分解为劳动节省绩效、资本节约绩效、节能绩效、GDP 增长绩效、COD 减排绩效和 SO_2 减排绩效。林伯强和谭睿鹏（2019）[②] 认为绿色经济效率是在全面考虑经济增长、资源节约和环境保护三者之后的一个综合指标。

三、循环经济理论

绿色经济理论也是长江经济带绿色发展的基础理论，强调人与环境和谐共生、协调共赢的发展。循环经济一词是英国环境经济学家 Pearce 和 Turner 于 1990 年在《自然资源和环境经济学》一书中首先提出。循环经济是指"按照自然生态系统物质循环和能量转化的规律，通过清洁生产技术、废物回收技术，使资源的利用效率最大化，废弃物排放量最小化，将经济系统和谐地融入自然生态系统的物质、能量循环的过程中，从而实现经济和环境的协调发展"（付宏等，2019）[③]。

李兆前和齐建国（2004）[④] 总结了循环经济的十种定义，将循环经济的概念归纳为三类观点。一是从人与自然的关系角度定义循环经济，主张人类的经济活动要遵从自然生态规律，维持生态平衡。其本质是尽可能地少用和循环利用资源。二是从生产的技术范式角度定义循环经济，主张清洁生产和环境保护，使生产过程的技术范式从"资源消费→产品→废物排放"单程型物质流动模式转向"资源消费→产品→再生资源"闭环型物质流动模式。其本质是生态经济学，核心是提高生态环境的利用效率。三是从新的经济形态视角定义循环经济，将循环经济看作一种新的生产方式，认为它是在生态环境成为经济增长制约要素、良好的生态环境成为一种公共财富阶段的一种新的技术经济范

① 王兵，刘光天. 节能减排与中国绿色经济增长——基于全要素生产率的视角［J］. 中国工业经济，2015（5）：57-69.

② 林伯强，谭睿鹏. 中国经济集聚与绿色经济效率［J］. 经济研究，2019，54（2）：119-132.

③ 付宏，冯银，陶珍生. 长江经济带工业绿色转型升级研究［M］. 武汉：武汉大学出版社，2019.

④ 李兆前，齐建国. 循环经济理论与实践综述［J］. 数量经济技术经济研究，2004（9）：145-154.

式，是建立在人类生存条件和福利平等基础上的以全体社会成员生活福利最大化为目标的一种新的经济形态。其本质是对人类生产关系进行调整，目标是追求可持续发展。可见，循环经济概念从关注环境保护、节约资源的一般性角度逐渐演变为关注经济发展模式和人与环境、资源、生态协调发展的角度。

史忠良（2007）① 在《新编产业经济学》中指出，循环经济的本质是生态经济，是一种新型的、先进的、人与环境和谐发展的经济形态，是实现经济、社会和环境可持续发展、协调发展和共赢发展的经济活动思维模式，它倡导"低耗能、高利用、再循环"，反对滥采乱用资源和"先污染、后治理"的方式，它恪守减量化、再利用与废弃物再循环的"3R"原则。循环经济兼顾了经济效益、社会效益和环境效益，更加合理地提高了资源的利用效率，进一步节约了资源和能源，促进了经济、社会和环境的全面协调发展。

陆学和陈兴鹏（2014）② 通过分析循环经济的内涵和外延，提出循环经济的本质属性是"经济"，其外延是"社会"和"环境"的关系。循环经济的研究对象是满足人类生存和发展的资源效用的最大化与最优配置，其核心是考虑社会、环境因素影响下的资源节约，循环经济的研究范围包括资源节约与社会公平、环境保护之间的关系研究，但社会公平和环境保护本身并不是循环经济的研究内容。同时，还指出生态效率是国内测度循环经济发展水平的核心方法，主要是基于生态效率通过构建指标体系达到全面测度循环经济发展水平的目的。

四、可持续发展理论

可持续发展理论强调要正确处理好经济发展和环境保护的关系，在有效利用资源和重视环境保护的前提下发展经济，提高经济发展效率和经济发展质量，追求生态和谐发展和社会公平正义，从而促进经济、社会与生态的协调、高效、持续发展。该理论主要包括经济的可持续发展、生态的可持续发展、社会的可持续发展以及人口的可持续发展。

经济的可持续发展强调要改变经济增长方式，提高经济发展质量。例如，Mishan（1967）③ 认为经济的快速增长除了促进国家整体经济实力和人均收入

① 史忠良．新编产业经济学 [M]．北京：中国社会科学出版社，2007：287-290.

② 陆学，陈兴鹏．循环经济理论研究综述 [J]．中国人口·资源与环境，2014，24（S2）：204-208.

③ Mishan, E. J. The cost of economic growth [M]. New York：F. A. Praeger, 1967.

水平提高之外，还会带来市场失灵、交通拥堵、环境污染、犯罪率上升等诸多问题，他将这些负面影响称为"经济增长的代价"。因此，经济的可持续发展要改变传统的以"高投入、高消耗、高排放、高污染"为特征的生产模式和发展模式，运用科技化和信息化手段提高技术效率，实施清洁生产和高效生产，大力发展高新技术产业和战略性新兴产业，以提高经济活动的技术水平和生产效益，有效节约利用资源和减少废物排放，走新型工业化道路。

生态的可持续发展以可持续发展的生态学理论为基础。该理论认为，可持续发展是寻求最佳的生态系统以支持生态的完整性和人类生存环境的持续。根据生态系统可持续性要求，人类的经济社会发展要遵循高效、和谐和自我调节的原理，即经济社会发展要高效利用能源并促进废弃物循环再利用，生态系统中的各个组成部分之间要和谐共生、协调发展，协同的演化在于系统内部各组织部门的自我调节与完善，而非受外部因素的控制。因此，生态的可持续发展要求以资源的可持续利用和良好的生态环境为基础，保护整个生命支撑系统和生态系统的完整性，预防、控制和治理环境破坏和环境污染，提升资源环境承载力。

社会的可持续发展以社会福利理论为基础。该理论认为可持续发展的最终目的是改善人们的生活质量和生活环境，促进人们社会福利水平的提高，追求社会发展的公平正义，推动社会发展的全面进步。根据社会的可持续发展要求，可持续发展既要促进以人为本的经济、生态、社会复合系统的可持续发展，为社会发展创造一个健康、绿色、清洁、高效的社会环境，提高当代人民的生活质量；还要求经济发展和社会发展与资源环境承载能力相协调，保障子孙后代的社会福利水平同样不受损害。因此，社会的可持续发展要求以提高全社会整体福利为终极目标，不断解决发展过程中的不平衡、不充分、不协调和不可持续问题，不断提高人民群众的获得感、幸福感和安全感。

人口的可持续发展能够为经济社会发展创造人口红利。在社会生产力中，人是首要的能动因素，人的健康是构成人力资本的一个重要因素，是最根本的社会发展动力。人的智力、精神、体能等因素在科学技术以及所有的社会活动中起着绝对的主导作用，人类的健康同社会生产密切相关。对国民经济来说，健康的人是最大的生产力，健康的人能够更好地学习、更有效地工作、更长时间地就业，对经济发展做出更大的贡献。因此，人口的可持续发展要求创造良好的生产生活环境，保持和提高劳动力人口以及全体人口的健康水平。

第三章　上海崇明长江经济带绿色发展示范

崇明岛地处长江与东海交汇之地，是我国第三大岛，素有"东海瀛洲、长江门户"的美称。行政建制原为上海市崇明县，2016年7月"撤县设区"。2018年5月，上海崇明被列为国家首批长江经济带绿色发展试点示范。2018年12月23日，国家推动长江经济带发展领导小组办公室印发《关于支持上海崇明开展长江经济带绿色发展示范的意见》。历经生态岛建设的长期实践，崇明已迎来推动生态先发优势升级为绿色崛起优势的新机遇。

第一节　试点示范工作做法

2019年2月2日，上海市推动长江经济带发展领导小组办公室正式发布《上海崇明开展长江经济带绿色发展示范实施方案》，对崇明长江经济带绿色发展试点示范做了全面部署。出台《崇明区关于争当长江经济带"共抓大保护、不搞大开发"典范的实施意见》等重要文件，召开动员大会，统一思想、提高站位、齐心协力、狠抓落实，确保实施方案有序执行。在长江经济带绿色发展试点示范方面，崇明做了如下工作。

一、坚决贯彻建设生态岛发展方针

2007年4月时任上海市委书记习近平在崇明调研工作时，提出了崇明建设生态岛的发展方针。他认为崇明建设生态岛这个理念很好，在土洁、水净、气净等几个重点领域要加强基础设施建设，并明确指出，"要坚持高起点、高标准，扎扎实实推进崇明生态岛建设""要按照建设生态岛的思路，认认真真做下去，只要认准了方向，就不要动摇"。

在习近平崇明建设生态岛的发展方针指引下，全市上下围绕世界级生态岛总目标，一茬接着一茬干，规划一轮接着一轮编，项目一批接着一批推，久久为功，持续发力。2009年上海长江隧桥建成通车，将崇明与上海城区紧紧联系在一起。随着上海进入新的高速发展期，项目落地崇明的需求加大。但是，崇明坚持生态岛发展方向不动摇，拒绝了一批项目落户。比如，大型食品加工项目，因为大量的食品原料要从外面进入崇明岛，会导致物流增加，还会产生一定废弃物，与"生态岛"的定位不符；还有大数据中心项目，虽然科技含量较高，但能耗也很高，不符合生态岛建设的要求。2016 年 12 月 16 日，上海市人民政府制定《崇明世界级生态岛发展"十三五"规划》，明确将"生态岛"发展作为上海全球城市建设的重要内容。

2018 年国家长江经济带绿色发展试点示范以来，崇明以市人大常委会《关于促进和保障崇明世界级生态岛建设的决定》为法律指引，以《崇明世界级生态岛规划建设导则》等为法治保证，构建"1+X"法制文件体系，以制度刚性约束护航生态岛事业健康发展。探索推行河湖长制、林长制、路长制、环长制，建立生态环境监测评估预警体系，生态环境保护长效机制基本形成。

2022 年 1 月 14 日，上海市政府举行新闻发布会，推介《崇明世界级生态岛发展规划纲要（2021—2035 年）》（以下简称《规划纲要》）。《规划纲要》提出，到 2035 年将崇明世界级生态岛打造成绿色生态"桥头堡"、绿色生产"先行区"、绿色生活"示范地"，成为引领全国、影响全球的国家生态文明名片、长江绿色发展标杆、人民幸福生活典范，成为人与自然和谐共生的"中国样板"，成为彰显我国作为全球生态文明建设重要参与者、贡献者、引领者的重要窗口。

2022 年 8 月 22 日，崇明区举行以"绿色新赛道，生态新优势"为主题的投资促进暨生态岛产业发展大会，总投资近 55 亿元的 11 个重大项目现场签约。主要涉及智能制造、节能环保、供应链、文化创意、5G 应用等领域。崇明区共有 67 个项目列为重大项目，总投资超 510 亿元，将为推动崇明世界级生态岛建设注入新动力。

二、打造都市现代绿色农业高地

上海市崇明区拥有全市最多的农村和最多的农业人口，是上海最大的农村地区，林地和基本农田分别占全市的 1/4、1/3，是上海重要的"菜篮子""米袋子"，也是上海最大的绿色农业基地、首批全国农业绿色发展先行区。

（一）打响绿色品牌

继续坚持以绿色为底色，以"两无化"为特色，紧密围绕农业"高科技、高品质、高附加值"发展目标，打造都市现代绿色农业高地和崇明绿色农业"金字招牌"。2018 年，崇明首次试种不施化学农药、不施化学肥料的"两无化"水稻，全程除草都是人工拔草，推出的"两无化"大米市场反响热烈，深受市民青睐。如今，"两无化"标准体系已日趋成熟，"两无化"产品品牌也日趋丰富。

为打响优质农产品特色品牌，全区坚持以销定产，着力拓展线上线下品牌销售渠道，推进实施"福利工厂"和"农夫集市"；为大力发展农业新业态，建立拓展"C2B"点对点订制农业新型产销对接模式，对接叮咚、盒马鲜生等新零售企业，不断延伸产业发展链条，提升崇明农产品影响力和美誉度；通过与百联集团等头部商贸企业开展战略合作，以新业态、新技术、新产业加快推进崇明绿色农产品全面进入上海市场，满足上海市民对优质农产品消费升级的需求。

目前，全区拥有地理标志证明商标8件、地理标志保护产品2件、农产品地理标志4件，区域公共品牌统一标识"山水"商标涵盖崇明大米、崇明清水蟹等6个"崇明优品"特色品牌，大型商超、电商的"崇明"标识农产品品牌深受顾客欢迎。

(二) 发展智慧农业

先进科学技术也是农业绿色发展必不可少的条件。崇明积极探索物联网、互联网、大数据、人工智能等新技术在农业上的集成应用，崇明智慧农业大脑应运而生。

在位于港沿镇的一站式服务绿色农资门店可以看到智慧农业大脑的展示界面，它结合了六大系统，包括农业GIS地理信息系统、绿色农药封闭式管控系统、智能农机管控系统、智能识别系统、农业产业链智能管控系统和数字流通系统。智能管控系统通过架设在"两无化"基地上的摄像头记录所有的农事行为，通过后台处理生成智能追溯码。顾客在购买"两无化"水稻产品后，通过扫描追溯码，可以识别到生产、加工、流通的全流程，增添一份安心保障。

在智能农技服务界面，还设置了5G智慧云小程序，农户身处田间地头就可以通过大数据和人工智能技术，得到水稻病虫害远程在线辅助诊断，也能随时提出农业生产过程中的任何疑问，由市、区及镇级农技人员通过云端指导、入户实地解答等形式开展农技指导服务，实现土地"一网管控"。

2019年翠冠梨数字农业基地正式启动。无人值守果园机器人、用于测绘和飞防植保类的无人机、农场数据显示大屏、水肥一体化灌溉设施、气象站、摄像头、感应器等数十种高科技设备齐上阵。农民只要在手机上点一点，水肥一体化设施就可以启动灌溉，农业生产效率不断提升，崇明农业数字化转型不断推进。

三、大力发展海洋装备产业

长兴岛是我国规模最大、设施最先进、最具国际竞争力的造船基地之一，2018 年入选首批国家海洋经济发展示范区，集聚了江南造船、中远海运、振华重工、沪东中华等四大央企，已在世界最大的标准集装箱船、雪龙 2 号极地科考船、LNG 液化天然气船、全球最大的龙门吊、3600 车汽车运输船（PCTC）等高端船舶制造和港口机械制造等领域领跑世界。平台载体方面，崇明区长兴产业园区入选上海市第二批 14 个特色产业园区，引进了上海船研所国家重点实验室、中船重工 704 所、上海交大海洋实验室等一批知名海洋科研机构和基地，复旦大学、哈尔滨工业大学等知名院校也在园区建立创新平台。

长兴海洋科技港项目作为上海长兴海洋装备产业园区生产性服务业功能区内第一个以研发、设计、总部办公等为发展内容的绿色科技园区，以国际一流高科技园区建设标准为准绳，以绿色、生态、低碳、环保为理念将项目打造成为上海乃至全国的一个生态示范产业园区，同时项目将以国家新型工业化示范产业基地（船舶与海洋工程）建设为契机，依托现有产业聚集优势，专注服务高端船舶配套及海洋工程装备产业链条中企业的研发、设计、采购、专业服务、总部办公等职能，吸引并聚集一批从事高端船舶、海洋工程、国际航运、海洋经济相关产业的企业扎堆互动发展，推动长兴岛成为全国高端船舶与海洋工程装备产业的创新集群，助推上海战略性新兴产业基地的培育与建设。项目吸引了包括中国船级社（CCS）崇明检验检疫处、上海联谊光纤激光器械有限公司、上海七海电子有限公司、上海旭能电子科技有限公司、上海骋杰船舶设备有限公司在内的 20 余家实体企业入驻，其中 7 成以上的企业主营业务为船舶及海洋工程领域，涵盖船舶检验、船用电子研发、节能科技、精密机械等多个方面。

海洋装备产业形成规模。长兴岛先后获批国家海洋经济发展示范区、国家军民融合重点区域和国家船舶出口基地，形成了集船舶制造、船舶维修、船舶零部件、港口机械、海洋工程等关联性较强的产业集群，成为全国首个以船舶和海洋工程装备为特色的示范基地，拥有江南造船和振华重工 2 个中国驰名商标，海洋装备产业规模近 500 亿元。中船长兴二期等项目建设稳步推进，沪东中华、江南造船等龙头企业成功交付一批具有世界领先水平的船舶，海洋装备产业集群发展能级持续提升。积极搭建海洋经济创新研发平台及产业承载空间，临港长兴科技园一期等项目竣工投用，上海交大海洋装备研究中心、梧桐园标准厂房、海洋科技港二期等项目加快建设，海洋经济产业链布局更加完善。到 2023 年 4 月，全区海洋装备产业已集聚企业 15 家，主要以江南造船、沪东中华、中远海运、振华重工、华润大东等五大央企为代表。沪东中华目前手持订单超 1000 亿元，部分订单已经排至 2028 年；江南造船 2023 年计划交船 22 艘，在建产品超过 40 艘，大部分海洋装备企业订单已排至 2025 年。

产学研协同创新能力不断加强。江南研究院、上海交大长兴海洋实验室、国家海洋装备技术创新中心、上海船研所、中船重工 708、611、726 研究所等一批知名海洋科研机构和研究基地加快集聚，创新平台和载体正发挥强大作用，具有行业领先水平的自主创新产品不断涌现，包括 LNG 全产业链船舶装备研发、3DEXP 三维体验式研发设计、5G 智能船舶制造技术等。

产业载体能级进一步提升。长兴海洋装备产业园是国家新型工业化产业示范基地、国家中小企业公共服务示范平台，储备工业用地 2000 亩、备用地 3000 亩、生产性岸线 21 公里，现有实体企业 59 家。临港集团长兴科技园、长兴海洋科技港二期、芯片区标准厂房和北斗海智产业园等四大总部平台建设加快推进，100 多万平方米的研发生产标准化厂房已投入招商运营，绿色低碳数字产业园、协同创新园、创业孵化平台等项目建设有序推进。

横沙渔港渔业经济繁荣有序。长兴岛横沙渔港是国家级海洋捕捞渔获物定点上岸渔港，是上海市唯一的国家一级渔港，初步集成境外源头基地、远洋航线、远洋接卸、保税仓储、冷链物流、精深加工贸易、国际渔业总部经济等功能。国内首条全自动三文鱼加工线、中国国际金枪鱼交易中心、帝王蟹分会会长单位相继落户，帝王蟹、三文鱼等国际单品直运直销供应链粗具规模，今年一季度实现营业收入 0.41 亿元，其中进口的帝王蟹总量达到 636 吨，超 2022 年全年总量，比 2021 年同期增长近两成。①

四、书写"生态+"发展大文章

第十届中国花卉博览会 2021 年在崇明举办。崇明以此为契机，推动全区基础设施全面升级、现代花卉产业加速发展、酒店民宿扩容提质、美丽乡村建设加快推进、群众生态文明素养大幅提升，充分展示生态岛建设最新成就、我

---

① 崇明区经委．海洋经济蓬勃发展，长兴奋起走向深蓝——长兴海洋经济发展情况 [EB/OL]．上海市崇明区人民政府网，2023-04-28.

国花卉事业最新成果，全面提升崇明国际知名度、美誉度，助力美丽上海、美丽中国加快发展，迎来世界级生态岛美丽蝶变。据统计，花博会入园人数200多万人次，网上观博人数2400多万人次。

崇明做强以"山水"为标志的区域公共品牌，创新建立"两无化"农产品体系，农业绿色发展指数2020年、2021年连续两年位列全国第一。加快构建花卉研产销全产业链，智慧生态花卉园等一批项目落地实施。聚力建设长兴海洋装备产业集群，调整优化开发机制，推动中船长兴二期等一批项目开工建设。智慧岛孵化器项目建成投运，富盛创智园二期竣工验收。深入推进西沙明珠湖国家5A级景区创建，建成一批A级景区、高品质酒店、高等级民宿，崇明目前已有1000多家注册民宿，占上海民宿总数的95%以上。2020年崇明万达广场开业，结束了崇明无大型综合商业设施的历史。

持续增进民生福祉。示范区建设以来，崇明建成9个市级、34个区级乡村振兴示范村，1.1万户农民家庭纳入相对集中居住。轨道交通崇明线开工建设，沪渝蓉沿江高铁项目前期工作有序开展，陈海公路东段、建设公路、北沿公路改造项目建成通车，环岛长江大堤一期等工程竣工投用。学区化集团化办学实现全覆盖，上海实验东滩学校等一批合作办学项目建成投用，学前教育在全市率先实现普及普惠，成功创建国家级农村职业教育和成人教育示范县（区）。上海交大国际农业与生态学院项目落地。率先建成紧密型区域医联体，区第三人民医院新院、长兴人民医院建成运营。

城乡治理效能得到提升。崇明全面深化政务服务"一网通办"改革，设立长三角"一网通办"等专窗，建成区大数据资源平台，启用区行政服务中心东部中心，区镇一体化"一网统管"平台开发上线。深入推进扫黑除恶专项斗争，全面开展市域社会治理现代化试点工作，全岛智能防控形成闭环。创新建设"五美社区"，区级农村社区试点示范村建设全面实施，无违建乡镇创建率先完成。成功创建平安中国建设示范县和全国文明城区、全国双拥模范城、全国卫生城区、全国全域旅游示范区。①

第二节　试点示范工作成效

试点示范工作开展以来，崇明将绿色发展与生态文明摆在最核心最突出的

---

①　崇明：以绿色之笔 书写"生态+"发展大文章［EB/OL］．上海环境网，2022-01-13.

战略位置，滚动实施世界级生态岛建设和环保三年行动计划，全力抓好长江生态大保护，长江十年禁渔率先完成，长江经济带绿色发展示范建设成效明显。

一、生态优势不断彰显，环境品质巩固提升

生态环境不断优化。2022 年实施界河、四漪港等河道生态治理和 7 个骨干河道断点打通项目，推动一批生态清洁小流域建设，完成 10 个撤制乡镇污水管网完善工程。严格控制和预防土壤污染，受污染耕地安全利用率、污染地块安全利用率均保持 100%。加强大气污染源监管，PM2.5 年平均浓度降至 25 微克/立方米。崇明岛的森林占地比重接近 31%。崇明开创了稻田立体种养模式和"种养结合"标准化技术模式，推动农业经济效益、生态效益同步提升。同时，着眼生产末端，加快形成农业废弃物资源化利用闭环，在 12 个乡镇建成运行 33 个智能化集中堆肥点，处理蔬菜废弃物，服务周边农户；对养殖废弃物实施 3.7 万亩养殖尾水治理和 7600 余亩水产退养，实现生态、生产、生活良性循环。从严抓好中央和市生态环境保护督察及生态环境警示片反馈问题整改，生态环境领域短板加快补齐。

生态空间持续拓展。2022 年，落实新增森林面积 1.43 万亩，实施公益林抚育 1.03 万亩，推进 2 个开放休闲林地建设。加强滩涂、自然湿地生态修复和规范管理，持续开展外来入侵物种治理，有效遏制福寿螺扩散蔓延态势，清除"一枝黄花"7000 亩、互花米草 1500 亩。完成国土空间"三区三线"划定，持续开展违法用地及农村乱占耕地建房问题整治，守好耕地保护红线。打好"长江禁渔"持久战，侦破非法捕捞案件 21 起，取缔内陆河道等区域"三无"船舶 136 艘，常态化保持禁捕水域"四清四无"。

严控用地规模。截至 2020 年 6 月全区建设用地总规模为 263.8 平方公里。推进集建区外建设用地减量化立项，完成东禾九谷开心农场点状供地。推进农民集中居住，出台农民相对集中居住实施方案及操作规定。形成崇明区农村住房使用权流转管理暂行办法，基本建成农房流转系统平台。

加强城乡风貌管控。制定实施世界级生态岛规划建设导则，聚焦生态、社会、空间、经济四个核心维度，进一步明确标准、统一形态，加强崇明建筑风貌设计指引，完成农民建房户型图册编制。

转型发展步伐加快。发布碳中和示范区建设实施方案，与同济大学合作成立碳中和学院、同济崇明碳中和研究院，引入上海碳中和技术创新联盟，设立上海长兴碳中和创新产业园。全面启动"无废城市"创建，持续完善垃圾全程分类体系，生活垃圾资源回收利用率达到 42.1%。深入推进绿色交通发展，更新新能源公交车 43 辆，国内首艘超级电容新能源车客渡船"新生态"号投入运营。全面推进新建建筑绿色化，新增绿色建筑 13.08 万平方米，完成既有建筑节能改造 2.36 万平方米。加快绿色能源开发利用，有序推进"渔光互补"光伏发电示范项目，全区可再生能源装机容量达到 58 万千瓦，可再生能源发电量占全社会用电量比重超过 31%。

二、绿色发展深入人心，产业能级稳步提升

现代绿色农业创新发展。严格落实粮食安全责任制，强化粮食安全全生命周期管理。推进高标准农田和设施菜田建设，大力推广绿色种养技术模式，绿色优质农产品认证率保持在 90% 以上。全面推动"农业科创岛"建设，实施农业科创项目"揭榜挂帅"，加强特色种源保护和开发利用，促进种源农业"育繁推"一体化发展。联合上海海洋大学共建全国农业科技现代化先行区。盒马南美白对虾一期等项目建成投产，现代畜禽养殖和高端设施农业产业片区加快建设。完善农产品公共品牌体系，推出"优农三兄弟"统一标识，打造"崇明米道"平台。

旅游康养发展提质升级。巩固提升全域旅游示范区建设成效，继续推进西沙明珠湖国家 5A 级景区创建，积极引导民宿高质量集群发展。2022 年，竖新镇、横沙乡获评第二批全国乡村旅游重点乡镇，三星镇新安村入选中国美丽休闲乡村，江南造船厂获评国家工业旅游示范基地，全区实现旅游收入 32.7 亿元。莎蔓莉莎高端医美、上实东颐疗养院、太保家园东滩国际颐养中心等康养项目加快建设。

经济发展动能持续增强。2022 年全区加大招商引资力度，开展"云招商"系列活动，举办投资促进暨生态岛产业发展大会，发布全区产业地图和产业政策汇编，新签约亿元以上项目 29 个。开展"疫去嗨购 点燃崇明"等促消费活动，大力发展夜间经济，激发消费市场活力。产业园区加快转型升级，崇明工业园区引进落地苦草生物科技等项目，智慧岛产业园大数据云计算中心等项目正式开工，富盛经济开发区推动绿色金融集聚区发展，现代农业园区加快老杜农产品加工等项目建设。

三、共建共享生态惠民，城乡融合发展加速

重大基础建设持续完善。开工建设轨道交通崇明线，隧道掘进推进顺利。骨干路网加快升级，全面实施崇明生态大道、环岛景观道一期、建设公路改扩建、北沿公路改建、陈海公路东段提升项目。沪渝蓉沿江高铁崇明段开工建

设，环岛防汛提标二期工程主体完工，崇明岛公共货运码头项目竣工。建设城桥水厂二期、陈家镇水厂二期扩建工程和崇西水厂、堡镇水厂深度处理工程。打造全球首个 5G 全覆盖的人居生态岛。加强清洁低碳、安全高效的能源利用，崇明 500 千伏输变电工程完成长江大跨越段建设，崇明岛-长兴岛-浦东新区五号沟 LNG 站管道工程过江隧道全线贯通，南门路液化气储配站完成更新改造，崇明岛南沿 3 座水闸改建工程建成投用，长兴镇固体废弃物资源化利用中心及堡镇、横沙建筑垃圾中转站建设持续推进。

美丽乡村建设提质升级。农村人居环境持续优化，完成 5 个市级、15 个区级乡村振兴示范村和 7 个市级美丽乡村示范村建设。积极打造宜居家园，城桥地区港西 3 号地块、陈家镇 4 号地块一期农民相对集中居住项目主体结构完工，出台农村村民建房相关操作办法。持续加强"四好农村路"建设，深化农村公路管理养护体制改革，提档升级农村公路 30 公里。

城市有机更新扎实推进。启动南门路架空线入地和杆箱全要素整治项目，完成老北沿公路（建设公路—东平河）弱电架空线入地整治。深化住宅小区综合治理，完成既有多层住宅加装电梯 30 台，为 9 个住宅小区新增电动自行车集中充电设施。编制旧区改造三年行动计划，加快实施旧住房综合改造，有序推进城桥镇利民村（西）"城中村"改造项目和明珠花苑综合整治工程，启动不成套职工住宅和小梁薄板房屋改造及新一轮"美丽家园"小区建设。实施老旧小区燃气管道改造 28 万平方米，推进 2.2 公里老旧隐患供水管道改造。严格落实"房住不炒"要求，新增筹措保障性租赁住房1206 套。①

第三节　加强试点示范引领

优良的生态是崇明最鲜亮的底色。一方面，在我国积极推动全球生态环境共治的背景下，崇明生态岛作为全球生态网络重要节点，关系全球生物多样性保护；另一方面，崇明生态岛位于长江河口，是关系流域生态安全的高度敏感区域，更是展示流域生态修复成果的重要指示区域。要高质量建设崇明世界级生态岛，打造"人与自然和谐共生"的中国式现代化样板。

---

① 李峻. 政府工作报告——2023 年 1 月 6 日在上海市崇明区第二届人民代表大会第四次会议上［EB/OL］. 上海市崇明区人民政府网，2023-02-10.

一、进一步优化生态空间布局

崇明是上海最为珍贵、不可替代、面向未来的生态战略空间。根据崇明三岛的自然条件和生态基底，充分衔接上位规划和耕地保护红线等要素，促进生态环境的综合价值最大化。坚持底线思维，持续加大规划管控力度。严格落实生态环境分区管治，完成自然生态空间用途管制研究，系统研究生态空间布局体系和管控规则。严格把控常住人口总量、土地开发强度、产业准入门槛，强化风貌管控，明确新建建筑高度不得超过 18 米。空间布局持续优化，着力构建城镇空间紧凑集约、乡村空间有机舒朗的发展格局。

聚焦环岛运河生态绿道、崇明生态大道沿线生态绿道，依托现状林地，布局供市民郊野运动、休憩观光的郊野型绿道。以环岛运河生态绿道为纽带，结合环岛森林片区布置，向内连接中部乡野带、向外连接生态片区和城乡功能区，形成环岛绿色生态带，构筑全岛生态空间骨架；以崇明生态大道沿线绿道为轴，串联全岛东西向生态走廊，形成崇明骨干绿道系统的特色布局。同时，依托城区道路两侧绿地、广场等，建设供市民运动健身、慢行交通的城市型绿道，构建多类型、多层次、多功能的网络化绿道连通格局。

实行"刚柔并济"的生态空间管控。产业发展与生态保护并非矛盾，要强化底线控制与弹性应对，明确刚柔并济的生态空间管控要求，建立健全生态空间相关的建设引导、生态补偿和动态调整机制。刚性管控，主要针对一类、二类生态空间，集中在生态保护红线内，按国家林草局批复和市绿化市容局工作要求，建立自然保护地体系，明确管理与发展、监督与考核机制。弹性应对，主要针对三类、四类生态空间，要划定限制建设区，为生态要素布局优化以及生态效益提升预留一定弹性。

按照国家和市级对自然保护地管理的要求，整合交叉重叠的自然保护地，解决区域交叉、空间重叠的问题，合理确定归并后的自然保护地类型和功能定位，优化边界范围和功能分区，实现对自然生态系统的整体保护。按照上述要求，崇明区相关自然保护地整合优化预案内容为：崇明东滩鸟类国家级自然保护区与长江口中华鲟自然保护区合并，成立崇明东滩国家级自然保护区；撤销崇明岛国家地质公园，原国家地质公园东风西沙片区调出自然保护地体系；东平国家森林公园仅将原有生态红线区域纳入自然保护地体系；西沙湿地公园按照市水务局批准的滩涂使用许可范围纳入自然保护地；新建北湖国家湿地公园。

二、构建"五新"生态产业体系

崇明要坚定不移走好生态立岛之路，厚植生态优势，实施产业绿色低碳转型，加快构建以现代新农业、海洋新智造、生态新文旅、活力新康养、绿色新科技为重点的"五新"生态产业体系。原则上不得新建、扩建"两高"项目，挖潜存量项目，督促改造升级，加快落后产能淘汰，推动产业体系向低碳化、绿色化、高端化优化升级。有效盘活存量工业用地资源，提升园区品质，发展新型园区经济。注重源头创新，突显产业特色，推动面向未来的高端产业集聚发展，为上海绿色发展、高质量发展作出更大贡献。

在现代新农业方面，继续深化全球农业精准招商，着力引进一批有情怀、有实力的世界级选手发展现代设施农业项目。充分发挥明智慧生态花卉园、由由中荷现代农业创新园、正大崇明300万羽蛋鸡场项目等重大生态农业项目的示范效应，努力打造"全域绿色食品岛"，为崇明农业品牌源源不断注入全新动力。

在海洋新智造方面，以全国海洋经济发展示范区建设为抓手，瞄准高端船舶与海洋工程制造，加大驻岛央企服务力度，支持中船长兴二期等项目加快建设，推动振华重工长兴智能港口装备产业项目开工，着力打造千亿级海工装备产业集群。海工装备产业已经成为崇明区的一张重要的产业名片，也是上海建设具有全球影响力的科技创新中心和国际航运中心的重要支撑。要支持海工装备龙头企业联合建设海洋材料数据库和共享平台，探索制定高端海洋材料的国内和国际标准。支持船企加强与宝物特钢等材料企业、科研机构、船级社和协会开展深度合作，加快突破高端树脂和复合材料、深海钻探材料、深海高强不锈钢、水下电力连接材料以及高性能传感器用材料等关键材料及部件，支持中低端船用新材料产品提升材料综合性能。在未来空间产业方面，支持龙头企业提升深海探采水平，加快布局深海智能采矿装备、海底铺缆装备、跨海重型清淤装备、深水和超深水大型浮式生产储卸油装置、深水半潜式生产平台、大型液化天然气浮式生产储卸油装置、极地浮式矿产开发船、极地油气钻井平台、重型极地破冰船、LNG动力破冰船等新型船海装备。

在生态新文旅、活力新康养方面，狠抓项目建设，不断开拓创新。全力推进西沙明珠湖国家5A级景区创建，积极打造特色精品民宿集群，做精做优文化旅游产品，促进多旅融合高质量发展。有序推进东滩自行车小镇建设，上海自行车馆竣工投用，筹办环崇明岛国际自盟女子公路世界巡回赛等国际赛事，做大体育产业生态圈。不断完善康养产业布局，推动上实东颐疗养院、国华人寿国际生态医养中心等项目加快建设，莎蔓莉莎高端医美、中信国际养老社区等项目建成运营；深度挖掘藏红花、银杏、苦草等药用植物中医养生价值，培育壮大特色康养品牌。

在绿色新科技方面，为可持续发展提供强大动能。绿色发展必须依托创新发展所拥有的科技力量与智能资源，创新发展必须遵循绿色发展理念，适应绿色发展的要求，绿色发展与创新发展相互贯通、相互促进：绿色发展对创新发展具有约束作用而使之具有环保性、生态性；创新发展对绿色发展具有动力支撑作用，创新发展构成绿色发展的技术支点或智能依托。就崇明而言，要创新农业绿色新科技并广泛运用于生态农业领域。比如通过大数据测土配肥，清楚地了解土壤成分、氮磷钾含量、目标产量以及施肥方案等。测土配方施肥减轻了由于滥施化肥、肥料流失所造成的农业面源污染，既提升了耕地地力，又保护了生态环境。要加大对现今社会上已经发展起来并日益完善的低碳技术的推广力度，例如电动汽车、超临界锅炉、热泵、热电联产、风电太阳能热利用、节能建筑以及能效技术等，提高其在社会经济领域的影响力。深入挖掘碳汇的作用能够显著增加对二氧化碳等气体的吸收进而减少空气中的温室气体。通过碳替代、保护现有碳贮存以及增加碳库贮量等方式能够有效地提高草地、耕地以及森林等区域的碳汇量。

三、积极打造美丽崇明样板

2021 年，第十届中国花博会"花开"崇明。首次在岛屿上、乡村里、森林中举办的这届花卉界的"奥林匹克"，向中国乃至世界充分展示了崇明世界级生态岛建设成果。

深入推进环境污染防治。坚持综合治理、源头治理、系统治理，持续推行"四长协同"机制，全面完成第八轮环保三年行动计划。打通 5 个骨干河道断点，完成界河、四滧港等河道生态治理。强化土壤污染源头防控，持续开展固定污染源、扬尘源污染防治。加强生态环境预警监测，逐步构建覆盖多领域的智慧管理系统。严格落实中央和市生态环境保护督察要求，常态长效抓好问题整改。

持续加强生态修复治理。优化森林群落结构，继续推进公益林抚育和开放休闲林地建设，全面启动国际湿地城市、国家森林城市和中国天然氧吧创建。以环岛森林片区为结构型空间载体，推进生态廊道建设，成为支撑世界级生态岛建设的天然滋养地；以生态贯通林带为链接载体，推进公益林建设，打造市民亲近生态空间的重要媒介；以森林调优节点为补充载体，落实林地增密补种，形成一体化生态郊野空间。促进林田结合、林水结合、林路结合，将生态空间引入城区，让市民走进生态空间。坚持防除并举、综合防治，强化"一枝黄花"、互花米草、福寿螺清除整治，实施重点生态区域生物多样性监测。全面加强长江大保护，持续开展"清船、净岸、打非"三大行动，细化落实长江十年禁渔工作。全面加强国土空间用途管制，严守耕地和永久基本农田保护红线，严厉打击违法违规用地行为。

促进人与自然和谐共生。坚持减排、控源、固碳、增汇并举，强化绿色低碳技术支撑，推动建立生态岛 GEP 核算体系，加强碳排放精细化管理，着力打造世界级生态岛碳中和示范区。有序推进可再生能源开发利用，推动港西镇 128 兆瓦、中兴镇 100 兆瓦渔光互补光伏发电项目建设。持续推进新能源公交车更新，加强公交站点规范化建设，方便群众绿色出行。扎实推进既有建筑节能改造，深化建筑领域全生命周期绿色低碳转型。以建设"无废城市"为目标，大力推进生活垃圾分类和资源节约集约利用，抓好各区级建筑垃圾中转站的建设和营运。

推动建筑领域全生命周期绿色低碳转型。推广绿色低碳建材，强化 BIM 技术应用，大力发展装配式建筑，逐步推广超低能耗建筑，打造近零能耗建筑示范项目，鼓励建设零碳示范生态社区。推进新建农房绿色化建造，推动农房执行节能设计标准。

此外，在城乡建设、公共服务、增收致富等方面，进一步增强人民群众的获得感、幸福感、安全感。推进农民相对集中居住，建设林水人城和谐相融的人居环境。发展外畅内优交通网络，巩固安全供水防涝系统，打造智慧泛在数字平台。提供优质均衡的教育、医疗、养老服务，构建活力友好社会氛围，打造崇明特色的家门口乡村服务品牌。

四、加强政策实施保障

首先，研究建立政策法规体系。建立城市生态空间技术标准体系，按照"政府组织、专家领衔、部门合作、公众参与"的原则，围绕生态空间优化的全程管理，制定调查登记、评价、公众参与、行动计划等技术标准和规程。以统筹协调、明确职责为导向，加快相关条例的制订，包括规划计划、建设实施、确权登记、资金保障等全程管理。

其次，推动生态空间复合利用。在公园绿地建设方面，完善城市更新对于绿地建设的激励和保障政策；在森林建设方面，鼓励宅基地、工业用地减量后向林地转型；在湿地保护方面，完善湿地的动态平衡机制，建立湿地保护与管理体系。

最后，完善规划实施监管体系。结合全区国民经济和社会发展总体目标，健全管理体制，将生态空间规划实施情况纳入各级考核，健全生态空间建设考核评估机制。完善生态保护、建设、管理的相关政策，确保生态空间建设有序实施。逐步完善生态补偿制度和相关激励政策，确保林地、湿地生态补偿转移支付用足用好。

第四章　湖北武汉长江经济带绿色发展示范

武汉地处长江中游、江汉平原东部，为湖北省会、国家中心城市、长江经济带核心城市。2018年4月26日，习近平总书记在武汉主持召开深入推动长江经济带发展座谈会并发表重要讲话。2018年5月17日，国家推动长江经济带发展领导小组明确武汉为长江经济带绿色发展示范区。

第一节　试点示范工作做法

2019年4月，武汉市政府常务会议审议通过《武汉市加快推进长江经济带绿色发展示范实施方案》，决定围绕"四水共治"和科教资源创新驱动等方面先行先试。2022年11月，武汉市印发《武汉长江经济带降碳减污扩绿增长十大行动实施方案》，围绕降碳、减污、扩绿、增长主要任务，推动降碳减污协同增效，提升城乡绿色人居环境，推动长江中游城市群协同发展。

一、扎实推进武汉特色的"四水共治"

武汉市江河纵横，河港沟渠交织，湖泊库塘星罗棋布。现有水面总面积2117.6平方公里，约占全市国土面积的1/4。其中，境内长度5公里以上的河流有165条，水面面积471.31平方公里；列入保护名录的湖泊有166个，湖泊水域蓝线面积867.07平方公里，保护区面积1400.34平方公里；大中型水库9座，总库容7.1亿立方米。鉴于特殊的市情，武汉市委、市政府提出，要以防洪水、排涝水、治污水、保供水为重点，大力推进"四水共治"，巩固完善防洪安全保障体系，全面提升排水防涝标准和能力。实现城区污水全收集、全处理。改造城区供水管网，强化水源地保护和供水安全。

（一）确定六大市级示范先行区

部署重点以长江新区等六大市级绿色发展先行区为载体，探索武汉绿色发展模式。

一是长江新区。明确"绿色、生命、智能"三大主导产业方向，贯彻城市建设与产业发展同步理念，加快建设"绿色低碳地下空间科学城"，着力构建高新高效现代产业发展模式。

二是东湖国家自主创新示范区。开展绿色低碳领域共性技术攻关，打造中部地区首个"双碳"产业园区，诞生全国第一家科技企业孵化器，获批国家工业互联网产业示范区，探索形成科技成果转化"四级跳"模式。

三是中法武汉生态示范城。运用法国先进湖泊治理理念和技术，大力推进什湖生态治理，创新打造"江河湖连通、山水城相融，湖塘映城、河网穿城、城在园中"的共生模式。

四是青山北湖生态试验区。聚焦"治污水、拆违建、建新城"三大任务，大力推进循环化改造试点，资源、能源、水资源产出率、工业固废综合利用率平均提高 55 个百分点，创造了重化工业集聚区发展循环经济的青山模式。

五是东湖城市生态绿心。重点是传承楚风汉韵，打造世界级城中湖典范。通过绿道建设、生态保护，让生态为城市服务，促进城市融入生态，积极打造"大湖+"绿色发展新模式。

六是硚口汉江湾生态治理试验区。因地处百年老工业基地核心区，"毒地"等污染成因复杂，治理难度系数高，被列入生态环境部技术应用试点项目。重点推进化工企业"搬迁腾退治绿"，围绕科创总部基地谋划发展接续产业，探索实践老工业区城市功能绿色转型重塑模式。

（二）建立三类河湖长工作机制

第一类是官方河湖长制。建成市、区、街道（乡镇）、社区（村）四级河湖长制体系，总河湖长是辖区河湖管护的第一责任人，统筹推进管护河湖水域的岸线保护、水污染防治、水环境治理、水生态修复等治水工作，协调解决"四水共治"中的实际问题。2023 年 6 月，武汉市河湖长制工作领导小组召开会议，研究通过《武汉市河湖长制工作实施细则》，对于市级、区级河湖长，增加了流域综合治理的统筹职责，对于街道级河湖长，鼓励其按照临水、非临水区域，实施"差异化、精细化"巡查。

第二类是民间河湖长制。充分发挥社会组织作用，有效调动环保志愿者积极性，对全市所有河流、湖泊设立民间河长、湖长，官方与其互动，形成"四水共治"的强大合力。

第三类是"数据河湖长"制。相关专业部门将所有河流、湖泊的数据监控划分到责任人，通过实时数据管理，实现智慧治水。全国最大的城中湖——

东湖，通过三类河湖长工作机制的协调运转，全面推进岸线锁定、退渔还湖、小游船整治、排口清查、尾水不入湖、全域保洁、水质监测加密等七大专项行动，使主湖治理、子湖治理与湖边塘治理实现有机结合。

官方河湖长、民间河湖长、数据河湖长三类河湖长工作机制联动并进，强力推进"四水共治"。

（三）以"三审制"实施领导干部自然资源资产审计

一是施行"上审下"。围绕长江大保护、四水共治等重点主题开展专项审计（调查），沿着长江、汉江、内湖一线，全面推开13个区、4个功能区和街道（乡镇）的"上审下"。

二是推行"结合审"。结合部门职责、资源特性、功能定位，同步对相关区、街道（乡镇）和企业展开延伸审计。与其他业务审计相结合，对所有涉及自然资源资产的审计项目，审计方案都明确自然资源资产审计目标和内容，审计报告都专项反映自然资源资产审计情况。

三是采取"交叉审"。组织相关区开展交叉审计，实行统一计划、统一组织、统一方案、统一要求、统一报告"五统一"，增强自然资源资产审计的整体性和独立性。

（四）开展跨区断面水质考核和生态补偿

武汉市出台长江武汉段跨区断面水质考核奖惩和生态补偿办法，在全国首创市域内跨区断面水质考核奖惩和生态补偿机制，通过强化生态保护责任，调动各区保水治水积极性，形成共抓长江大保护的长效机制和上下游合力治污的协作与激励机制，也解决了上下游权责不清等问题，对探索大江大河生态保护及生态补偿有效机制起着积极示范作用。

根据考核机制，每单月对长江、汉江沿线各区15个跨区断面水质进行监测考核，通过比较跨区断面与上游入境断面水质的综合污染指数以及与去年同期水质情况，确定跨区断面水质改善或下降比例，实行水质"改善奖励""下降扣缴"的生态补偿奖惩措施，督导沿线各区加大污染防治力度，提升水质改善成效。

按照新的考核办法，各断面的考核指标包括化学需氧量、高锰酸盐指数、氨氮和总磷4项，"综合污染指数变化情况"为负数的，表示水质改善，得到奖励，反之则进行罚款。考核将按"单月监测、双月核算通报、年度算总账"的形式进行，年度考核结果报市纪委、市委组织部等部门，作为相关区绩效考核依据。2018年长江汉江断面考核共奖励400万元、扣缴1100万元；2019年，长江汉江断面考核共计奖励850万元、罚款600万元。2021年的长江"断面考核"中，江汉区、青山区、洪山区、黄陂区、新洲区、武汉经济技术开发区（汉南区）交出合格答卷，获得奖励400万元。

二、科教资源创新驱动发展

2018年4月28日，习近平总书记在武汉指出，要注重创新驱动发展，紧紧扭住创新这个牛鼻子，强化创新体系和创新能力建设，推动科技创新和经济社会发展深度融合，塑造更多依靠创新驱动、更多发挥先发优势的引领型发展。2022年6月28日，习近平总书记在武汉市考察时强调，科技自立自强是国家强盛之基、安全之要，并要求，深入实施创新驱动发展战略，把科技的命脉牢牢掌握在自己手中，在科技自立自强上取得更大进展，不断提升我国发展独立性、自主性、安全性，催生更多新技术新产业，开辟经济发展的新领域新赛道，形成国际竞争新优势。武汉牢记总书记教导，着力实施创新驱动发展战略，把科教优势、人才优势转化为绿色发展优势。

（一）首创设立科技成果转化局

武汉开全国之先河，创造性设立了"虚拟机构、实体运作"的科技成果转化局，建设了高效、灵活、运转自如的组织架构。设立科技成果转化局就是要以体制创新、机制创新、政策创新为突破口，着力解决科技成果转化中的突出问题，形成科技成果转化新格局，切实打造"政产学研"协同创新、科技成果就地转化的服务枢纽，促进科技与资本、企业精准对接，把在汉高校院所的科技成果这个"富矿"充分挖掘出来，促进就地产业化，形成源源不断的现实生产力。科技成果转化局挂靠市科技局，局长由市委常委、副市长兼任，常务副局长由市科技局局长兼任。同时，成立科技成果转化院士专家顾问团，为科技成果转化把脉会诊。

（二）充分发挥高校和企业的科技创新作用

武汉充分发挥高校在绿色发展中的科创主力军作用。支持武汉大学、华中科技大学等在汉高校"双一流"建设以及绿色发展相关学科、专业的培育和发展。深入实施"百万大学生留汉创业就业工程""百万校友资智回汉工程""海外科创人才来汉发展工程"。深入推进高校科研成果转化对接工程。充分发挥企业在绿色发展中的科创主体作用，重点聚焦信息技术、生命健康、智能制造、节能环保、新能源等绿色发展重点领域，着力培育一批科技"小巨人"企业、引进一批高科技领军企业。大力扶持"瞪羚企业""独角兽企业"。强化民营企业的科创功能，支持民营企业建立企业研发中心、工程技术研究中心等研发机构。

（三）加强创新平台建设

启动建设"光谷科技创新大走廊"，获批国家级科技创新平台 5 家、省级工程技术研究中心 110 家。新一代信息技术产业入选首批国家先进制造业集群，集成电路、新型显示器件、下一代信息网络、生物医药入选首批国家战略性新兴产业集群。

出台《关于加快推进武汉具有全国影响力的科技创新中心建设的意见》及配套实施方案，全面动员部署武汉科创中心建设工作。积极推进武汉集成电路、新型显示器件、下一代信息网路、生物医药等 4 个国家级战略性新兴产业集群建设，武汉生物医药产业集群得到国务院办公厅督查激励通报表扬。武汉市建立了绿色技术支持平台，为企业提供技术咨询、技术培训和技术转移等服务。同时，重点打造一批绿色示范项目，通过项目的实施和成果展示，引领企业和产业向绿色方向发展。

武汉市积极承办国内外绿色发展、生态环境领域重要交流活动，如 C40 城市可持续发展论坛、长江经济带生态环境保护与绿色发展论坛、武汉国际水科技博览会、中国城镇水环境治理高峰论坛、中国智慧水务建设高峰论坛等。积极向外推介武汉各类绿色科技，提升武汉绿色技术影响力。

三、探索建立生态产品价值实现机制

（一）健全绿色发展考核机制

积极探索建立城市生态系统生产总值（GEP）核算体系，拟定《关于武汉探索推进城市生态系统生产总值（GEP）核算改革试点工作的实施方案》。印发《武汉市党政领导干部生态环境损害责任追究实施细则（试行）》《武汉市市直部门与各区生态环境保护同责暂行办法》《武汉市生态环境损坏赔偿制度改革实施方案》等，明确武汉市生态环境损坏赔偿范围和赔偿工作程序等，实行生态环境保护目标责任制考核和责任追究。实行领导干部自然资源离任审计和生态环境损害责任终身追究制度，聚焦绿色发展重大战略规划贯彻执行情况等重点内容开展审计。将河湖长制纳入市级绩效目标管理体系，实现市、区、街道（乡镇）、村（社区）四级河湖长全覆盖。

（二）健全绿色平台交易机制

探索建立水权制度，开展水域、岸线等生态空间确权试点，编制《武汉市水权交易规程》等规章制度。完善排污权交易制度，组织开展重点排污单位初始排污权核定。推动武汉城市矿产交易所发展，发布城市矿产资源"武汉指数"，支持企业可回收利用资源挂牌交易。

建设武汉农村综合产权交易所，将农村土地承包经营权等 10 项农村产权纳入交易范围，建立完善"交易-鉴证-抵押"的农村产权抵押融资模式，推进农业资源资本化。武汉农村综合产权交易所采取"六统一"管理模式，即统一监督管理、统一交易规则、统一信息发布、统一交易鉴证、统一收费标准、统一平台。武汉农村综合产权交易所的发展定位为：立足武汉、覆盖武汉城市圈、辐射全省、面向全国，创建全国一流的农村产权交易市场。

2021 年 7 月 16 日上午，全国碳市场正式启动上线交易，启动仪式按照"一主两副"的总体架构，在北京、湖北武汉和上海同时举办。在全国碳市场正式启动上线交易湖北分会场上，武汉市人民政府、武昌区人民政府与各大参会金融机构、产业资本共同宣布成立总规模为 100 亿元的武汉碳达峰基金，这是国内首支市政府牵头组建的百亿级碳达峰基金。同日，中国首届 30·60 国际会议在武汉开幕。纳入全国市场的首先是发电行业，以后会逐步把其他几大行业纳入，在纳入之前，其他行业仍然在试点市场。全国市场纳入的是重点行业重点企业，除此之外的其他行业或者说一定门槛之外的其他企业仍然在试点市场。单从交易来讲，全国市场承担全国的任务，试点市场仍有试点的任务。试点市场首先为全国市场做好所有的服务工作，保证全国市场的运行。

（三）实施基本生态控制线区域生态补偿

武汉市印发《关于进一步规范基本生态控制线区域生态补偿的意见》，采取要素补偿和综合补偿相结合的方式，对市域范围内纳入基本生态控制线的生态资源实施生态补偿。补偿范围是《武汉都市发展区 1∶2000 基本生态控制线落线规划》和《武汉市全域生态框架保护规划》所划定的基本生态控制线区域。补偿对象是各区级政府、街道（乡镇）、村（居）民委员会、集体经济组织成员及其他组织。

（四）引进战略投资者参与流域治理

武汉市按照政企互利共赢原则，以资本投资为纽带，与长江生态环保集团创新开展战略合作。长江生态环保集团采用"增资+受让股权"方式出资30亿元现金入股武汉水务集团，盘活存量、带动增量，"资本+项目"合作模式已在武汉市域全面应用。如"水窝子"武昌南湖地区，引入长江生态环保集团后，充分发挥央企治水优势，利用"互联网+"技术，搭建系统、智能的"南湖流域水环境治理平台"，并建立起系统的南湖流域公司化运维模式，促使厂网一体化深入推进，最终实现流域一体化治理与监管。

第二节　试点示范基本经验

武汉市围绕"四水共治"、科技创新、创新绿色发展机制等目标任务，突出武汉特色，坚持先行先试，积极探索长江经济带绿色发展新路径，形成了一批绿色发展的"武汉经验"。2020年8月，国家长江办对绿色发展试点示范地区工作进行评估，武汉市试点示范成效得到时任中央政治局常委、国务院副总理韩正的充分肯定。2021年8月，武汉以"四水共治"推进水环境综合治理、"人机共治"智慧治水、老工业基地产业绿色转型等3个经验模式列入国家绿色发展示范第一批清单在全国推广。

一、规划为纲，描绘绿色蓝图

以规划为龙头，统筹生态、空间等要素资源，形成一套覆盖面广、操作性强、协调性好的水环境治理规划体系。科学编制《武汉市贯彻落实习近平总书记在全面推动长江经济带发展座谈会上重要讲话精神的行动方案》《武汉市加快推动长江经济带绿色发展示范实施方案》《武汉市"十四五"长江经济带发展行动方案》，全面部署长江经济带发展各项工作。编制《武汉市湖泊保护总体规划》，明确166个湖泊保护方向，湖泊蓝线锁定湖泊面积867平方公里。发布《武汉市国土空间"十四五"规划》，锚固"两轴两环、六楔多廊、北峰南泽"全域生态格局。出台《武汉市"三线一单"生态环境分区管控方案》，对全市104个环境管控单元实施分类管控，生态环境分区管控体系初步建立。编制《武汉市两江四岸规划》，坚持"江、园、城"有机融合，锚固以长江、汉江及东西山系为依托的两条"十字形"山水轴线。完成"三线三区"划定，全市划定生态保护红线面积794.54平方公里，占市域面积的9.27%，较2018

年增加 158.16 平方公里。

武汉科学及时制定《武汉长江大保护滨江带规划》等一系列专项规划，提出滨江带总体功能布局，确定"江湖联通、四水共治、分区治理、立法管控"的滨江带保护利用模式和"功能提升、生态修复、特色塑造、设施重构"的滨江带保护利用战略。《武汉长江大保护滨江带规划》提出"百里蓝绿荆楚画廊，长江生态修复楷模"的目标，制定了滨江带山、水、林、田、湖、草等保护和修复思路，提出在主城区已形成的江滩公园基础上，长江左右岸各规划建设一条近 100 公里的滨江绿道，打造全球独一无二的"双百里"江滩绿道，其中，主城区段打造为文化娱乐道，新城区段打造为休闲林荫道，郊野区段打造为生态体验道，并以百里江滩绿道为纽带，结合生态建设，营造百里江滩公园，将长江滨江带做成国际知名的生态保护轴、公共活动轴和特色景观轴。①

二、治理为基，厚植绿色本底

以生态环境保护修复为前提，积极打造山水林田湖草生命共同体，全面构建水城融合、人水和谐的生态体系。推进堤防构筑、隐患排查、预警强化三项任务"防洪水"，重点支流重要河段防洪标准提高至 20~50 年一遇。坚持海绵城市建设、提高抽排能力、加强湖泊调蓄三管齐下"排涝水"，到 2021 年年底，全市抽排能力增加至 3863 立方米每秒。打好厂网建设、黑臭水体、水污染防治三场硬仗"治污水"，城镇污水处理能力提升至 491 万吨/天。抓好供水厂管网集并建设、二次供水改造、饮用水水源地保护三个重点"保供水"，集中式饮用水源地水质达标率达 100%。持续推进岸线综合治理，累计拆除、整合、集并、迁移各类码头 394 个、取缔沿江堆砂场 364 个，货运码头全部退出中心城区，码头数量减少 67.7%。完成全市 1686 个长江入河排污口溯源整治，完成长江汉江两岸造林绿化 2.14 万亩，实现核心区 47 公里岸线公共空间全线贯通，建成总长约 80 公里、总面积约 830 公顷、绿地面积 470 公顷的生态滨水空间。

2019 年启动"四水共治"后，以"三湖三河"为重点，全年安排项目 488 个，投资 294.5 亿元，强力整治污水直排和劣 V 类水体，全力提升重点水体水质。大力实施东湖水环境综合治理，引领生态治水"示范样本"，探索出"水岸同治、生态修复、自我净化"为主的东湖生态治水模式。加快实施岸线

---

① 王亚欣.武汉滨江带规划：专家创意十足 [N].武汉晚报，2019-03-28.

码头清理整治，货运码头全部退出中心城区，两江核心区码头数量减少 61%，趸船数量减少 63%。

生态环境监测数据显示，2019 年长江、汉江武汉段 15 个跨区考核断面综合污染指数较 2018 年全部同比下降，即水质全部同比好转，长江武汉段 2 个国考断面和汉江 1 个国考断面水质全面达到Ⅱ类，优于国家考核目标。2020 至 2021 年以来，长江水质稳定达到Ⅱ类，确保了一江清水向东流。①

"断面考核"，这个市域内跨区断面水质考核奖惩和生态补偿的制度设计，是武汉在长江经济带特大城市中率先推出的。武汉又一次走在了长江大保护的前头。它看似简单，却能让大家对于各自区域的长江、汉江水质"心中有数"。根据 2022 年度《武汉市水资源公报》，武汉市 2022 年长江、汉江、举水、倒水、滠水、金水、沙河及通顺河等江河段断面水质达到或优于《地表水环境质量标准》（GB3838—2002）Ⅲ类标准，大中型水库水质较好，塔子湖、江汉西湖、张毕湖等 33 个湖泊水质较 2021 年有所好转，无劣Ⅴ类湖泊。"四水共治"取得明显成效。东湖城市生态绿心以水环境治理为核心，实施生态治水，实现东湖水质持续好转，并获评"长江经济带最美湖泊"。

2022 年 11 月 5 日，《湿地公约》第十四届缔约方大会在中国武汉主会场和瑞士日内瓦分会场同步开幕，以"珍爱湿地，人与自然和谐共生"为主题。这是我国加入《湿地公约》30 年来首次承办该国际会议。11 月 10 日，在日内瓦分会场上，武汉获颁"国际湿地城市"证书。

三、转型为要，培育绿色动能

以发展新技术、新业态为动力，不断提升生态经济发展能级，形成与资源环境承载力相适应的绿色产业体系。加强创新平台建设，获批建设具有全国影响力的科技创新中心，东湖科学城核心区域建设全面启动，获批 1 家国家实验室，推动 7 家湖北实验室实体化运行，全市国家级科技创新平台达到 151 家，省级创新平台达到 1124 家。加强绿色产业培育，集成电路、新型显示器件、下一代信息网络和生物医药四大产业集群获批国家级战略性新兴产业集群，光电子信息产业集群加快迈向万亿级，高新技术企业总量突破 11000 家，高新技术产业增加值占比超过 27%。加强科技成果转化，充分发挥武大、华科等高校和众多高新技术企业人才集聚优势，搭建科技成果转化线上平台，实现新能

---

① 张沛．武汉开出长江生态补偿"奖罚单"，提升水质改善成效［EB/OL］．人民网，2021-11-04.

源、新材料等绿色科技成果及时转化和应用，10 家科技成果转化中心顺利设立，国家级技术转移示范机构达 16 家，技术合同成交额突破 1400 亿元。

着力推动生产方式向绿色转型。2013 年习近平总书记在武汉格林美考察时，称赞"变废为宝、循环利用是朝阳产业"，要求"再接再厉"。武汉不负习近平总书记厚望，绿色生产成效卓著。2019 年武汉摘得"全球绿色低碳领域先锋城市蓝天奖"；2021 年"中碳登"落户武汉，成为全国推进"双碳"的重要平台。青山区（武汉化工区）是全国著名的重化工业区，曾是武汉市空气污染第一"贡献大户"。示范区建设以来，青山区稳步推进"森林中的钢厂""湿地中的化工区"建设，武钢有限公司一号高炉永久关停，二炼钢厂 1 号、2 号转炉正式停炉。整治"散乱污"企业 145 家。循环经济发展迅速，建立综合固废、工业热源、过程副产品等循环型工业体系，青山区循环化改造示范试点成功接受国家发改委终期验收。能源消费结构日益优化，完成 14 家企业燃煤锅炉（炉窑）改用天然气工程。地区空气质量改善程度全市排名靠前。新兴产业显示出良好的成长潜力，稳步推进武钢大数据产业园二期建设，服务青山数谷和滨江数字城发展壮大，加快推进均和云谷青山科技港、万润存储器基地、大族机器人华中总部等数字经济产业链项目和企业落户，积极促进元宇宙产业布局发展。大力推进生物医药产业园建设，主动承接光谷生物城外溢项目。服务推动锐创中心、印力中心成长为亿元楼宇。加快文化创意产业集聚发展，支持服务总投资 130 亿元的华侨城红房子亮点片区建设，加快推进长江音乐文化产业园建设，提速推动湖北数字文化科技园等项目签约落地。

大力倡导生活方式向绿色转型。2021 年"碳碳星球"APP 上线运行，全市新建民用建筑中绿色建筑占比在 99% 以上，城市公园绿地 500 米服务半径覆盖率达到 85.31%。全市新能源公交车及清洁能源公交车占比达到 89%，轨道交通里程以 479.89 公里居全国第 5 位。

四、创新为源，探索绿色改革

以破解绿色发展的体制机制深层次矛盾和问题为发力点，激发生态保护内生动力。探索生态系统生产总值核算。完成湖泊湿地生态系统生产总值核算研究，全市森林生态系统服务总价值为 266.74 亿元，湿地生态系统服务总价值为 924.42 亿元，绿地生态系统服务总价值为 116.82 亿元。健全生态补偿机制。率先启动长江、汉江跨省断面水质考核奖惩和生态补偿，继续完善森林、湿地等单要素生态补偿制度，2018—2022 年，全市生态控制线区域生态补偿资金合计 41.74 亿元，长江、汉江跨界断面考核共奖励 3450 万元，扣缴 4050

万元。深入推进跨界流域协同治理、大气污染联防联控等工作，探索流域水环境协同共治。印发《武汉城市圈同城化发展生态环境协同合作工作规则》，签订《武汉都市圈生态环境合作（黄石）框架协议》，武汉经开区管委会、仙桃市政府签署全省首例跨市河流横向生态补偿协议——《通顺河流域跨市断面水质考核生态补偿协议》。

光谷科创大走廊重点板块建设全面启动，先后签订了《光谷黄冈科技产业园与武汉光电工业技术研究院共建黄冈协同创新中心》《光谷科技创新大走廊光电子信息产业战略合作协议》等文件。葛店开发区主动对接融入武汉，大力发展光电子信息产业，加快补链、强链、延链，共同促进武汉"光芯屏端网"万亿产业做大做强。2021年，湖北首个"科创飞地"黄石（武汉）离岸科创园进驻武汉，巧妙破解困扰武汉周边城市的高新技术缺乏与人才招引留用两大难题。现在，都市圈基本形成"总部在武汉，基地在周边""研发在武汉，产业化在周边"的联动模式。同时，武汉都市圈积极开展城市之间园区合作共建，探索建立园区共建利益分享机制。

科技部中国科学技术信息研究所2023年出版的《国家创新型城市创新能力评价报告2022》显示，排名前十位的城市依次为：深圳、南京、杭州、广州、武汉、西安、苏州、长沙、合肥和青岛。其中，深圳连续四次排名第一，不过，武汉凭借科教资源富集优势进一步缩小了与深圳的差距。报告显示，武汉的财政科技支出占比达到6.34%，是全国平均水平的2.3倍；武汉科技创新活跃，全社会研发经费投入强度达3.51%，是全国平均水平的1.5倍，每万人就业人员中研发人员是全国平均水平的2倍。此外，武汉科技创新对高质量发展支撑引领作用强，高企营收与规上工业企业营收比98.8%，是全国平均水平的2.1倍。报告还强调，武汉在高水平科学与工程研究基地建设、高层次科技人才引育方面优势突出。[①]

第三节　加强试点示范的建议

武汉将深入贯彻落实习近平总书记关于长江经济带发展的重要讲话精神，牢记殷殷嘱托，坚持生态优先、绿色发展，抢抓绿色发展示范建设进度，为引领长江经济带高质量发展提供示范样板。

---

① 金叶子.创新型城市创新能力评价：深圳南京杭州居前三［EB/OL］.第一财经，2023-03-03.

一、全力推进绿色产业体系建设

武汉市要制定绿色产业发展战略，进一步明确发展方向和目标。这包括加强绿色技术研究与开发，推动绿色产品和服务的创新，以及支持绿色产业园区建设等。鼓励企业和科研机构加大绿色技术创新投入。通过设立科技创新基金、提供绿色产业研发项目等方式，给予资金和政策支持，推动企业和科研机构在绿色产业领域的创新活动。

作为绿色发展示范，武汉应坚持以生态优先为导向，大力发展绿色产业。首先，在能源领域，武汉可以大力发展清洁能源产业，提高可再生能源的利用率，推动能源结构的优化。2021年年底，《武汉市氢能产业"十四五"发展规划》正式印发出台，明确将武汉市建设成为中国氢能枢纽城市。规划在产业布局上明确提出，打造规模化、集群化、高端化氢气"制储运"基地，努力建成"氢气之都"，实现氢气资源智能化调配与利用，积累一批可复制可推广的经验做法，促进氢能与传统能源发展深度融合。

实施产业基础再造工程，促进三大国家级开发区创新提升，大力发展信息技术、生命健康、智能制造、节能环保等战略性新兴产业，加快建设国家存储器基地、国家航天产业基地、国家新能源和智能网联汽车基地、国家网络安全人才与创新基地、国家大健康产业基地等五大产业基地，做大做强光电子信息（含软件和信息服务）、汽车及零部件、生物医药与医疗器械等三大世界级产业集群。持续推进传统产业技术改造，做深做细工业企业智能化改造，加快推进工业绿色化技改，紧紧围绕装备制造、钢铁石化、食品轻工等传统产业转型升级，策划推进一批重大节能环保技改项目。

武汉市第十四次党代会提出"努力打造全国数字经济一线城市"，着力发展基础软件、工业软件、网络安全软件、地球空间信息、互联网信息服务、行业信息化、嵌入式系统软件、新兴平台软件、电子设计自动化软件（EDA）和汽车软件等10个重点领域。以东湖高新区、东西湖区为核心打造两个重点软件园区，做大做强武汉软件新城，在国家网络安全人才与创新基地基础上规划建设大型软件园区，争创"中国软件名园"；同时，支持光谷软件园、南太子湖创新谷、融创智谷、武大科技园、光谷创意产业基地等成熟园区提质建设，武汉经开区和中心城区围绕智能网联汽车、智慧医疗、区块链、元宇宙、高端信息服务业、文创、工业互联网等新（扩）建特色软件园区。

二、建设国家长江文化公园示范区

国家文化公园是承载国家及民族文明使命的文化空间。长江国家文化公园建设正式启动以来，湖北积极贯彻落实国家部署要求，各项工作有序推进。武汉市应在国家长江文化公园建设中当先锋、打头阵，争创示范区。

首先，武汉是长江的"形象大使"。世界第三大河长江及其最大支流汉水横贯市境中央，将武汉城区一分为三，形成了武昌、汉口、汉阳三镇隔江鼎立的格局。武汉是一座历史厚重的城市，春秋战国时期就留下高山流水遇知音的故事，无论是三国文化还是知音文化，都在武汉得以传承、发扬。唐朝诗人李白曾在此写下"黄鹤楼中吹玉笛，江城五月落梅花"，"江城"就是武汉，1300多年来一直用这个别称。

其次，武汉是长江红色文化的杰出代表。中共党史上，中共中央曾在武汉三设长江局，用以指导长江流域革命工作。三次设立的分别是1927年罗亦农主持下的长江局，1930年项英、关向应主持下的长江局，以及1937—1938年王明、周恩来主持下的长江局。1927年8月7日中共中央在汉口召开紧急会议，毛泽东提出了著名的"枪杆子里面出政权"的论断，给中国共产党指明了新的出路，为挽救党和革命作出了巨大贡献。

再次，武汉是长江流域管理"总部"。武汉是水利部派出机构长江水利委员会驻地，是国家管理、研究、规划长江水利开发的大本营。武汉是当代长江航运的管理中心、高端服务中心、航运企业总部的集聚地。国家规划的汉湘桂新航道打通以后，武汉将拥有上海和北部湾两个出海口。1984年5月24日根据最高人民法院"法司字第80号"文件设立的武汉海事法院，在重庆、南京等地分别设立了派出法庭，上诉法院为湖北省高级人民法院。2009年12月23日，中国气象局在武汉组建长江流域气象中心，主要承担流域气象信息汇集和气象服务两大职能。

最后，武汉建设长江国家文化公园有很好的前期基础。武汉有建成开放并入选第四批国家一级博物馆名单的长江文明博物馆，还建设有中部首个国家级广播影视内容媒体基地——长江文创产业园，江汉朝宗景区成为全国首个以长江游览为主题的开放式国家5A级旅游景区，以大汉口长江文化为背景打造的漂移式多维体验剧《知音号》已成为武汉文化和旅游的新名片。此外，武汉联合长江沿线省市成功举办"沿着长江读中国"第七届长江读书节活动，承办"5·18国际博物馆日"中国主会场活动，推出长江主题展览、"漫步江城——开启长江文明之旅"长江灯光秀等系列活动，营造出积极建设长江国家文化公园的浓厚氛围。

中央把湖北确定为长江国家文化公园重点建设区，武汉是重中之重。要抢抓机遇，努力将武汉打造成长江国家文化公园建设示范区、长江文化展示阐释核心区、产业融合发展先行区。

三、打造全国碳交易碳金融中心

首先，巩固和提升全国碳交易中心地位。目前全国碳市场交易入市的只有电力行业，交易品种单一。武汉在积极投身"中碳登"建设的同时，参与湖北省自己的碳交易平台，提供碳排放许可证的登记、交易、核查等服务。平台应具备高效、安全、透明的特点，便于碳市场参与者进行交易和监管。湖北省和武汉市应加强碳交易相关的立法工作，制定完善的碳市场监管规定。同时，出台支持碳交易发展的政策措施，如税收优惠、奖励补贴等，吸引企业和机构积极参与碳交易。要建立健全碳排放数据监测和核查体系，确保碳交易的可靠性和合规性。可以利用先进的监测技术手段，完善碳排放核算、核查和验证工作，提高数据的准确性和可信度。武汉市可以组织培训班和研讨会，提高企业、机构和专业人员的碳市场意识和素养；加强对碳交易政策和市场信息的宣传，增加市民对碳交易的了解和参与度。此外，加强与国内外碳交易中心、研究机构和国际组织的合作交流，借鉴它们的经验和做法，并争取在全国碳交易体系中扮演重要角色。加强国际合作，与其他城市和地区建立合作机制，促进碳市场的互联互通。

其次，培育和壮大全国碳金融中心。完善全市绿色金融发展的相关政策措施，推动绿色金融产品在工业、能源、建筑、交通、农业等行业实现示范应用，申报建设以碳金融为特色的国家绿色金融改革创新试验区。以武昌区为核心打造碳金融集聚区，引导鼓励推动在汉银行、券商、保险、信托、金融租赁等各类金融机构设立碳金融事业部、专营机构等。武汉市可以制定针对碳金融业务的政策，包括税收优惠、金融补贴、减少金融监管限制等。政府可以提供支持和激励，吸引金融机构和企业在碳金融领域投资和创新。建立一个专门的碳金融平台，提供碳资产评估、碳资金融通、碳金融衍生品交易等服务。该平台可以整合金融资源，促进碳金融产品的开发和交易，提高市场的流动性和效率。鼓励金融机构提供专业化、多元化的碳金融服务，为企业和机构参与碳交易提供支持和保障。积极促进金融机构、科研机构和产业企业之间的跨界合作。例如，与大学、研究院所合作开展碳金融研究，与金融机构合作开展碳金融产品的创新，与企业合作发展碳金融服务。依托湖北经济学院低碳经济学院等单位，加大碳金融领域的人才培养力度，培养专业人才和技术人员。可以设立碳金融专业课程，鼓励学生和专业人员参与碳金融领域的实践和科研活动，提高人才的素质和能力。

四、完善绿色发展体制机制

完善绿色发展考核机制。在东湖生态旅游风景区等地开展 GEP 核算体系试点，在建立武汉市 GEP 核算体系的基础上，对武汉 GEP 年变化量和年变化率进行监控，建立完善绿色发展绩效评价考核机制，争取形成领导干部"GEP+GDP"双标准要求。

建立健全绿色发展科技创新机制。充分利用科教资源，深入推动高校院所与绿色发展龙头企业资源共享对接，谋划一批重大科学基础设施。鼓励围绕绿色技术创新培育高技术高技能人才，加快发展专门从事绿色技术研究、产业共性技术研发服务和成果转化的新型研发机构。健全绿色技术转移和成果转化体系，深化高校院所科技成果转化对接工程，提升武汉技术交易市场功能，建成全国高校技术转移华中中心。

深化跨区生态补偿机制。在持续开展长江、汉江跨区断面水质考核和生态补偿工作的基础上，探索开展跨区湖泊水质考核和生态补偿工作，形成齐抓共管的工作合力。

健全生态环境信用机制。建立实施生态环境领域信用承诺制度、信用查询制度、信用修复制度、联合奖惩制度、分级分类环境信用评价监管制度、红黑名单制度等。全面开展信用公开，大力推进信用分级分类监管，落实联合激励惩戒措施。

完善环境污染联防联控机制。强化上下游交界水域管理控制，完善上下游、区域间联合管理的执法机制。开展市际交界河段环境污染联合整治。争取推动建立长江中游省市大气和水污染防治协作机制。

第五章　江西九江长江经济带绿色发展示范

九江，依山傍水，襟江带湖，因水而兴，因水而名。2200 多年的文明史，就是一部治水、用水的历史。千百年来，因为长江和鄱阳湖的哺育，九江自古就是来商纳贾的通都大邑。作为"三大茶市""四大米市"之一，九江声名远播，素有"物华天宝、人杰地灵"的美誉。2018 年 5 月，江西九江与上海崇明、湖北武汉一起被列为国家首批长江经济带绿色发展试点示范。2019 年 9 月，国家推动长江经济带发展领导小组办公室印发《关于支持江西九江开展长江经济带绿色发展示范的意见》。如何实现绿色发展、保护好一江清水，成为摆在九江面前的必答题。

第一节　试点示范工作做法

九江拥有 152 公里的长江岸线，是江西省唯一沿江城市。获批国家长江经济带绿色发展示范以来，九江市重点开展了如下工作。

一、出台相关文件和政策

2019 年 4 月 25 日，九江市人民政府办公室出台《九江市建设长江经济带绿色发展示范区实施细则》，按照"生态优先、绿色发展"的战略定位，加快推进示范区建设，努力形成可复制、可推广的九江经验。

2020 年 1 月 15 日，江西省推动长江经济带发展领导小组办公室印发《九江创建长江经济带绿色发展示范区实施方案》，包括打造山水林田湖草综合治理先行示范区、建设化工产业园区转型升级示范区、先行试点示范工程、构建生态环境治理机制创新区等内容。

2021 年紧扣"碳达峰、碳中和"目标，实施《九江市绿色制造优化提升三年行动计划》，坚持节能监察和节能诊断"双轮驱动"，大力推动全市工业绿色发展。在市级工业高质量发展奖励资金中安排专项资金，支持绿色园区、绿色工厂等绿色制造项目创建。同时，出台了《九江市新一代信息技术与制造业融合高质量发展（智能制造）专项行动计划（2021—2023）年》，每年投入不低于800万元大力培育智能制造示范工厂（数字化车间），打造全省智能制造先导区，培育智能制造生态体系，推动智能制造装备、模式、平台协同发展，实现智能制造技术升级、标准升级和产业链协同升级。在全省率先成立了首个地市级智能制造产业协会，为智能制造搭建交流促进平台。

2022年6月6日，印发《九江市林业局建立健全林业生态产品价值实现机制的实施方案》，旨在深入探索和不断拓展绿水青山就是金山银山的有效实现途径，建立健全林业生态产品价值实现机制，提出九江市林业生态产品价值实现的总体目标、重点任务和保障措施。

二、统筹山水林田湖草综合治理

以长江干流和鄱阳湖为重点，统筹山水林田湖草整体保护、系统修复和综合治理，构建江湖和谐关系，打造百里长江风光带，提升九江在长江经济带绿色生态廊道中的战略节点功能。

一是推进农业绿色发展。结合实施全市农业产业发展工程和重要农产品生产保护区划定，推进高标准农田建设，集成绿色生产技术和生产模式，打造一批绿色产业基地，壮大一批绿色农业园区，加快发展以"两茶一水"（即茶叶、油茶和水产品）等为特色的现代农业，唱响"生态鄱阳湖、绿色农产品"品牌，推动农业一二三产融合，促进农业"单一"功能向生态、养生、文化等多功能拓展。培育壮大一批"农业产业化联合体"示范点。

二是加快中心城区水环境综合治理。以水系联通为重点，围绕八里湖、赛城湖、甘棠湖、南门湖、芳兰湖、白水湖、十里河、濂溪河和沙河等重点河湖，整体推进中心城区水环境系统综合治理，积极推动与三峡集团开展示范项目合作。启动中心城区水环境智慧控制系统建设，构建一朵"生态云"、一张监测感知网、一张基于BIM+GIS的三维可视化系统地图、"五个中心"（工程管理中心、智慧感知中心、水务应用中心、指挥调度中心、展示宣传中心）和"一本账"（九江城市绩效评价的生态指标体系）的"11151"中心城区水环境监管体系。

三是建设绿色矿业发展示范区。启动实施绿色矿山建设、废弃矿山治理恢复和智慧矿山建设等三大项目，全市17家绿色矿山建设全部达标。瑞昌市和彭泽县启动绿色矿业发展示范区建设，瑞昌市、彭泽县长江沿线及周边区域废弃矿山地质环境得到恢复和综合治理，加快建立智慧矿山系统，实现矿产资源科学合理开发利用。

四是实施重要湿地周边生态提升工程。对吴城镇修河与赣江交汇处河岸受损湿地、庐山西海国家湿地公园湖滨北路河岸受损湿地开展生态修复，其中吴城镇修河河岸湿地修复项目包括河岸的土地整理和基底修复、湿地植物种植绿化工程；庐山西海国家湿地公园湖滨北路沿湖生态修复及提升工程，包括河岸土地整理和基底修复、湿地植物种植绿化、路堤加固等工程及湿地恢复后的维护和管理。

五是加强农村生活垃圾治理。大力推进"四清二改一管护"（即清垃圾、清杂草、清水沟、清杂物，改垃圾乱扔乱烧、改厕，管护农村庭院）村庄清洁行动，加快推动中心城区、都昌、修水垃圾发电设施建设，积极推行城乡环卫一体化第三方治理以及农村垃圾分类和资源化利用，建立完善农村保洁收费机制，全面提升农村生活垃圾治理水平。

三、加快化工产业园区转型升级

主要是推进"五化"建设：

一是推进企业环保化。强化工业园区建设规划环境影响评价工作，实行园区污染物排放总量控制，把不降低环境准入门槛作为园区招商引资前提条件，依法进行入园项目环境影响评价，落实各项环保要求。健全落户企业联审联批、环保准入和"一票否决"制度。全面梳理和评估落户企业的产业风险，确立化工企业清理整顿退出"三退出一升级"原则，即沿江 1 公里范围内的现有小化工企业原则上全部关闭退出；其他区域内问题小化工企业，整改不达标的全部关闭退出；停产的规上化工企业区分类施策，原则上全部关闭退出；留存化工企业实施安全、环保、工艺、技改升级，化工企业必须进入合规园区。推进"美丽工厂"建设，加快创建绿色环保、安全、高效、优质的化工生产基地，打造绿色化工行业典范。充分利用"互联网+"环保的先进技术理念，支持园区建设智慧环保大数据平台。

二是推进产业循环化。扎实推进永修国家循环经济试点工作，探索"资源—产品—废弃物—再生资源"的循环经济模式。通过产品、副产物和废物的互相利用，使园区内企业结成紧密共生关系，实现企业小循环、园区大循环。推动园区企业资源共享。支持企业构建新能源、新材料全产业链，建设九江新能源材料循环产业基地，布局从锂辉石到碳酸锂，碳酸锂到正极材料及电解液的全部锂电新能源材料产业链，形成从源头到产品所有原材料、副产物"吃干榨尽"的生产模式。

三是推进生产安全化。完善水、电、气、污水处理、公用管廊、皮带栈桥、油气管线、道路交通、应急救援设施、消防站、疏散场地等公用工程配套和安全保障设施，实现专业化基础设施、公共服务设施和安全保障设施共建共享。围绕企业安全生产、企业管理等方面，开展全市化工园区安全生产大诊断。增强企业负责人、管理人员及一线操作工人安全责任意识，建立健全企业安全生产责任体系。严格落实属地管理责任，强化园区管委会的组织领导、监督管理、服务保障职责，构建信息共享、预警发布和协同响应体系，提高园区生产安全事故应急响应、协同联动和指挥决策效能，确保遇到各类突发事件能快速、有效处置。

四是推进管理智能化。推广九江石化智能工厂建设经验，以数字化、网络化、智能化制造为目标，将先进的信息化技术与生产环节密切结合，对污染物的产生、处理、排放实现全过程监管。推动智能化园区建设，重点建设环保综合在线监管平台，实现对园区环境质量、污染源和环境风险等要素的全面感知和综合评估，提升园区环境综合管理水平。

五是推进环境景观化。鼓励重点行业推进绿色工厂创建。完善管廊设施，健全安保措施，美化、绿化、亮化园区。坚持把完善要素保障作为增强园区吸引力的关键，完善园区道路、雨水、污水、自来水、天然气、电力、通信、热力管线和土地平整等基础设施建设，为企业发展提供全方位要素支撑。实施园区建筑标准化改造。鼓励建设多层标准厂房，集约建设用地。规范园区企业建筑风格。

四、推动江豚作为九江城市形象

九江市坚决落实"共抓大保护、不搞大开发"重要要求，精心组织抓好江豚保护工作，出台了《关于加强长江江豚保护工作的意见》等政策。以长江江豚保护和救护为重点，建立以鄱阳湖湖口水域为核心区的九江市长江江豚省级水产种质资源保护区，改善江豚栖息地环境，启动长江江豚救护中心、长江珍稀水生生物展览馆以及观豚平台等江豚保护科普宣传教育基地建设，启动以江豚为主题的动画电影制作，推动江豚作为九江城市形象。

九江湖口县与中国水产科学院淡水渔业中心合作，为江豚科普教育、救助迁徙、技术服务等方面提供科学指导，基本做到"服务有专家、救助有力量、报告按程序"；此外，该县投资 2.5 亿元建设了长江鄱阳湖水生生物保护中心，着力提高江豚保护能力和保护水平。九江市创建了 2 所"守护江豚示范学校"，全面提升公众的江豚保护意识。同时，严厉打击非法捕捞行为，建立护豚队，并实施增殖放流。近 2 年，九江市在长江和鄱阳湖累计放流四大家鱼、棘胸蛙、胭脂鱼、黄颡鱼等各苗种夏花和冬片4亿尾以上，极大丰富了江豚食物来源。

中国江豚一半栖息在鄱阳湖区，一半在长江干流中。八里江江湖交汇，极目吴楚，鸡鸣三省，是江湖连通的廊道、野生江豚基因交流的重要通道、江豚的重要栖息地，是目前唯一常年能看见江豚汇聚的地方。因此，八里江是江豚保护的重要水域。一批社会热心人士发起建立八里江江豚保护协会，九江市政协委员陈尚健等各界名流当起了"八里江豚护卫"，带领一大批志愿者为留住江豚的"微笑"尽心尽力。江豚作为九江城市形象，也逐步得到社会上更多人的认可。

第二节　试点示范经验与成效

2018年以来，九江作出了"一个引领、两大任务"战略部署：就是以共抓大保护、建设长江经济带绿色发展示范区为引领，打造长江"最美岸线"和建设区域航运中心。在长江经济带绿色发展示范区建设中，九江市创造出一些新鲜经验，值得总结和推广。

一、发挥专设机构的职能作用

九江获批国家长江经济带绿色发展试点示范之后，政府设立了专门机构——九江长江经济带绿色发展中心，另在九江学院设立江西长江经济带研究院。这在长江经济带各试点示范城市和区域中独一无二。

（一）九江长江经济带绿色发展中心

该中心为九江市政府直属事业单位，委托九江市发改委管理，目前中心党组书记、主任为九江市发改委党组成员。主要发挥以下职能作用：（1）承担协调落实国家、省、市关于推动长江经济带发展的战略部署，加强相关工作调度、协调、督促和检查。承担市建设长江经济带绿色发展示范区暨打造长江"最美岸线"升级版工作领导小组办公室的日常工作。（2）聚焦长江经济带面临的生态环境保护、社会经济可持续发展、绿色发展、高质量跨越式发展等全局性、综合性、战略性、长期性问题，开展跟踪研究和超前研究。对绿色发展示范区等重大战略问题进行可行性研究与论证，为市政府提供发展建议和政策咨询。（3）组织开展全市长江经济带绿色发展交流活动，牵头承办和参与长江经济带绿色发展的例会；组织开展全市相关政策、成果的宣传工作。（4）

接受委托参与或组织对有关部门和相关县（市、区）拟定的发展规划进行研究和论证，提出意见和建议。（5）承办九江市委、市政府交办的其他事项。

九江长江经济带绿色发展中心核定事业编制 53 名，内设机构包括综合协调科、规划研究科、决策咨询科、战略推进科、学术交流科、流域协作科、信息宣传科。

（二）江西长江经济带研究院

设在九江学院的江西长江经济带研究院，2018 年 11 月 29 日正式成立，由国家发改委宏观经济研究院副院长吴晓华研究员任名誉院长，九江学院党委书记兼任江西长江经济带研究院院长。九江学院作为九江地区唯一一所本科大学，始终坚持扎根九江，以服务九江经济社会发展为己任。研究院成立后，积极发挥学校作为综合性大学的学科优势、平台优势、人才优势和专业优势，面向新时代长江绿色高质量发展的重大问题，尤其是九江长江经济带绿色发展示范区面临的新形势、新要求和新任务等开展前瞻性和应用性研究，力争建设成为产学研一体化、跨学科发展和服务九江区域发展的综合性创新平台和高端智库，为江西融入长江经济带、助推江西绿色发展，发挥九江门户城市作用、建设长江"最美岸线"、振兴江西北大门作出应有的贡献。江西长江经济带研究院的主要职能是整合全校资源，深度对接区域发展需求，围绕产业园区转型升级、山水林田湖草综合治理以及生态环境治理新机制等方面开展全方位、宽领域、多学科的研究，重点开展江西省融入长江经济带策略研究，为地方政府和行业产业绿色高质量发展提供决策咨询。

截至 2023 年 6 月，江西长江经济带研究院在编专职人员 12 名，校内外兼职研究人员 20 多名。江西长江经济带研究院自 2018 年 11 月成立以来，在平台构建、科学研究、服务地方等方面都取得了长足的发展和提升。2020 年以研究院为主要依托获江西省科技厅批准建设江西省长江流域产业生态模拟与环境健康重点实验室，该重点实验室依托大数据和云计算、虚拟现实技术和生态模拟及环境过程分析技术，主要研究方向为流域资源环境承载能力动态评价与优化路径、区域产业生态模拟、"产业—流域"的环境健康与生态修复等。2022 年研究院获批江西省社科界联合会哲学社会科学重点研究基地，服务长江经济带（江西段）绿色生态发展战略，持续进行沿江岸线流域山水林田湖草生命体的生态修复和生态保障，提升山水林田湖草生命体生态系统稳定性，发展长江经济带（江西段）生态产业和推进区域绿色物流中心建设。累计获得国家自然科学基金项目立项 5 项，省部级项目 3 项，厅级项目 18 项，江西省优秀社科成果三等奖1项，江西省优秀教学成果二等奖1项，共发表高水平学术论文23篇，出版学术专著2部，授权专利20项。

二、长江"最美岸线"不断升级

九江作为江西唯一的沿江城市，坚持以建设长江经济带绿色发展示范区为引领，以打造长江"最美岸线"为抓手，不断创新，先后形成了三个"版本"。

（一）"1.0版本"目标全部实现

2018年5月至2019年5月正式启动"最美岸线"打造，这一阶段为"1.0版本"：通过治污水、活死水、防洪水、优供水，凸显"水美"。采取市场化运作方式，与三峡集团开展战略合作，总投资175亿元推进城市水污染、水环境、水生态综合治理和最美岸线打造、流域治理，打造了长江大保护首个央企和地方合作试点项目，央地合作推动水环境治理"九江速度"，赢得国家发改委和省委省政府高度评价。通过集约利用岸线资源、建设滨江生态绿线，彰显"岸美"。拆除沿江非法码头74座、泊位87个，腾出岸线7529米，治理废弃矿山11115亩，建成18个绿色矿山，实现矿区绿化覆盖率100%、矿区边坡治理率100%。沿江堤栽种绿植700多万株，铺植草皮33万平方米，完成堤顶道路"白改黑"160公里，新建、改造小景点小游园60个；通过加快产业升级步伐，推进"产业美"。九江经开区获评国家级绿色园区，国家级绿色工厂达到10家，省级绿色工厂达到21家，省级绿色园区达到6家，数量居江西省第一方阵；通过"三城同创""三年行动"，实现"环境美"。彭泽"厕所革命"经验入选全国九大典型范例，瑞昌入选国家首批农村生活垃圾分类和资源化利用试点。

（二）"2.0版本"初见成效

2019年5月至2020年年底，九江把沿江"最美岸线"的打造经验拓展到沿鄱阳湖、环西海、沿修河地区，这一阶段为"2.0版本"。按照"经验推广、因地制宜、产业升级、建绿养绿、长效监管"的要求，覆盖九江全域。经过一年半的时间，全面推行领导干部自然资源资产离任审计制度，严格落实生态环境损害责任终身追究制，建立健全生态文明建设目标考核机制，探索开展长江流域生态补偿机制试点工作。在全省率先建立市县乡村四级河湖长制，长江生态管护机制为全省首创，饮用水源地保护、水利建设管理、河湖管护等改革经验在全省推广，林长制改革经验被全国主流媒体多次报道。武宁县"多员合一"生态管护员制度入选《国家生态文明试验区改革举措和经验做法推广清单》。

（三）"3.0版本"正在实施

自2021年以来，九江试点示范进入"3.0版本"阶段：以"两山理论"为指导，围绕"既要美得起来，又要美得下去"课题，深入探索生态产品价值实现。近3年，九江市整体拆除码头46座，规范提升码头76座，对沿江1公里范围内37家小化工企业全部关停退出，累计腾出岸线4645米，拆除建筑物2.3万余平方米，复绿面积10余万平方米。利用地理信息系统（GIS）和大数据技术，创新引入金融、保险行业赋能价值转化，成功解决了"散户有资源卖不出去、社会资金和金融资本找不到投资方向和缺乏有效参考标准"的痛点。武宁县、修水县入选省级生态产品价值实现机制示范基地（全省仅7个），庐山西海风景名胜区入选省级生态产品价值实现机制示范基地创建单位。加快改革创新，在全国率先成立"生态产品价值转化中心"，武宁县生态产品价值转化的做法、瑞昌市推动长江岸线资源整合的做法入选《江西省生态产品价值实现精选案例》。积极开展修河全流域全要素GEP核算试点。目前，武宁县、修水县GEP核算试点取得一定成果。与三峡集团合作，成立碳综合管理公司，指导推进九江传统产业转型升级、低碳发展；开展了"盘碳""盘能"两项行动，建立健全了能耗指标预算管理、项目论证、项目开工复核等5项制度，不断强化能耗"双控"管理，坚决遏制"两高"项目盲目发展。此外，将传统媒体与新兴媒体融合，创办"玩转最美岸线"真人秀节目，把长江沿线好看、好玩、好吃的地方向全省、全国推广，打造九江新名片。江西省委宣传部积极评价该节目聚焦长江生态保护成果，用全媒体思维营造了长江经济带"共抓大保护"的浓厚氛围。

三、区域形象根本性转好

20世纪末和21世纪初，九江由于片面强调加快发展的紧迫性，把更多的期望寄托在152公里的长江岸线上，加快了沿江大开发的步伐，上大项目、大上项目，经济发展驶入了快车道。但是，一些高污染、高能耗的企业也乘虚而入，加上沿江部分群众守法意识淡漠，环保违法违规事件时有发生，多次被中央媒体点名曝光。九江市在建设长江经济带绿色发展示范区的过程中，按照习近平总书记提出的"像保护眼睛一样保护生态环境"的要求，深入实施长江经济带"共抓大保护"攻坚行动，污染防治攻坚战取得阶段性重大成效，城市空气环境质量和全市总体水环境质量达到"十三五"以来最好水平。随着保护工作的深入推进和长江十年禁渔的全面实施，长江、鄱阳湖九江水域水生生物生境呈现转折性变化。近年来，鄱阳湖多年不见的鳤鱼回来了，长江江豚出现频次大幅增加。2022年科考数据显示，鄱阳湖长江江豚数量增至492头，实现了止跌回升的历史性转折。

以入选全省传统产业优化升级唯一综合试点地市为契机，淘汰落后产能，加快转型升级。深入实施产业链"链长制"，推进产业链、创新链、供应链、价值链深度融合。2020年11月，时任国务院副总理韩正亲临九江视察调研，高度评价九江近年来共抓大保护、禁捕退捕、产业优化升级、现代农业发展等工作。2022年九江市入选工信部第四批工业产业绿色设计示范企业1家、国家重点用能行业能效"领跑者"2家，均为全省唯一；成功创建省级水效领跑者1家、省级节水标杆企业9家、省级节水型企业25家。实现了绿色制造五大载体均衡发展，系全省唯一地市。[①] 6家企业获评江西省智能制造标杆企业；亚华电子入选全国"2022年度智能制造标准应用试点项目"，全省唯一；城门山铜矿获第五届"绽放杯"5G应用征集大赛全国二等奖，为全省获得的最高奖项。

通过这些年的不懈努力，九江建设绿色发展示范区、打造长江"最美岸线"工作也受到了媒体广泛关注。先后有中宣部"大江奔流——来自长江经济带的报道"大型采访团、中央网信办组织的20余家国家级新闻媒体，对九江工作聚焦报道。人民网、新华网、央广网、凤凰网等主要新闻网站、门户网站转载、推送相关报道11800多篇（次），学习强国推出短视频和文章近百篇，各类新闻点击量累计达5亿人次。2021年5月以来，以开展的"大学习、大调研、大讨论"活动和"我为群众办实事"为契机，创办"玩转最美岸线"真人秀节目，受到广泛关注和好评。

第三节　加强试点示范引领

九江市要抢抓国家"构建以国内大循环为主体、国内国际双循环相互促进的新发展格局"的机遇，力争在若干难点和关键环节上实现突破，促进长

---

① 余依琳，谈思宏．纵深推进长江经济带绿色发展示范区建设［N］．九江日报，2023-02-27.

江生态环境高水平保护和长江经济带高质量发展良性互动，发挥国家长江经济带绿色发展示范区的引领作用。我们建议：

一、打造长江经济带跨江跨省合作新样板

立足九江通江达海的区位优势，加强跨江跨省合作，推动以九江为区域中心的赣鄂皖沿江区域协作发展，承东联西，服务全国、面向世界，推进贸易便利化，将九江建设成为内陆开放合作新高地。

贯彻实施《长江中游城市群发展"十四五"实施方案》，以加快推动九江与黄冈、安庆的跨区域合作为宗旨，加强两岸资金、信息、人才、项目、产业上的对接互补、资源整合，推进若干示范工程建设。重点加强与湖北黄冈市的合作，推动黄梅小池融入九江。九江—黄梅（小池）融合发展基础良好。"一座九江城，半城黄梅人"。连接小池与九江的 17 路跨省公交线已运营 23 年，成为两地群众的一条"民生线"。两地政府坚持以人为本，打破行政壁垒，让两地群众共享合作实惠——两地医保、住房公积金异地互认；公安户籍、不动产、人社等至少 140 个高频事项跨江通办；"一江两岸"共同蔬菜市场建成；小池九江过江隧道已然启动。湖北、黄冈对小池发展寄予厚望，小池滨江新区是湖北省政府批准设立的四个省级新区之一，并且是唯一设在县一级的新区，另外三个是武汉长江新区、襄阳东津新区、荆门漳河新区。2022 年 8 月，湖北省发改委制定下发《小池高质量发展新三年行动计划（2022—2024 年）》，提出以跨省跨江合作为切入点，做强先进制造业、农副产品加工业、现代物流仓储业等三大主导产业，努力把小池滨江新区打造成为湖北省对接长三角开放开发的"桥头堡"。九江应该张开双臂，欢迎小池融入。借鉴湘鄂赣三省在武汉设立联合办公室的经验，在九江市区或小池新区设立联合办公室，抢抓机遇，推动更高水平的跨江合作，增强九江城市辐射力，提升城市能级，助力长江经济带高质量发展，打造长江经济带内陆开放合作新高地。

二、发挥九江港对全省航运业的辐射效应

在各种交通运输方式中，水运对生态环境最友好，运输成本也比较低。九江作为江西唯一通江达海的临港城市，在长江经济带绿色发展示范中要有效落实《江西省促进赣江航运业发展扶持方案》，加快建成"江海直达、服务全省、辐射周边"的区域航运中心，充分发挥九江港对全省的辐射带动效应。

首先，为更好发挥水运降本作用，要将更多的公路运输货物引导至水路出

运，即"陆改水"。所谓"陆改水"，是指将集装箱货物通过陆地直接运输到上海港的物流方式转变为通过水路运输到上海港，帮助企业在满足贸易运输条款的前提下，降低企业物流成本。此举还可优化江西省货运结构，助力"双碳"目标实现。下一步，九江港将以"联盟快航"模式助推"陆改水"业务推广，进一步提升九江—上海港物流通道服务水平，切实服务企业降本增效，为九江港口型国家物流枢纽和区域航运中心建设贡献更多力量。2023年九江港一季度实现开门红，始发航线达11条，航线网络覆盖长江下游、中上游和省内港口，形成了以九江—上海"天天班"航线、九江—武汉—岳阳"中三角省际集装箱公共班轮"为主干，以九江—南京、九江—川渝、九江城西—红光两港"穿巴航线"为支线，以省内小支线为补充的多层次、多方向的航运体系。九江港要牢牢把握港口生产黄金期，发挥区域航运中心调度作用，充分利用"智慧港航一张图"系统，实现货物运输的实时监测和分析，提高运输效率和安全性，为实现九江港货物"大进大出、快进快出、优进优出"而不懈奋斗。同时，积极对接融入长三角枢纽，推进长江中上游集装箱中转基地建设，争取在新发展格局下发挥更大作用，提高九江港与长江各港口的联通性和互动性，为货主提供更多的运输选择和便利，为长江中游地区经济社会发展贡献更大力量。

其次，用好扶持政策，促进赣江航运业发展。2023年一季度出台的《九江市促进赣江航运业发展扶持政策实施细则》，旨在精准支持赣江航运业发展，进一步提升九江港服务全省水平。同时，九江市港口航运管理局积极对接重点企业，精准梳理，深化对接服务，协调好船舶和铁路运力，保障重点运输通道畅通，做到快进快出。加快赣江内河散杂货和集装箱运输，具体指九江港至赣江龙头山航电枢纽以上港口往返航线。推动大宗货物和中长距离货物运输向水路有序转移，构建以九江港为中心，覆盖赣江沿线港口的水路运输网络。赣江龙头山航电枢纽以上港口包括宜春市樟树四码头、樟树五码头、樟树六码头，吉安市新干城北货运码头、新干河西综合码头、石溪头货运码头和泰和沿溪码头，赣州市五云码头。一方面，对开通或稳定运行赣江龙头山航电枢纽上游散杂货航线的航运企业，给予定额扶持奖励。另一方面，对集装箱航线予以适当补贴。此外，全力推进九江航运中心硬件、软件建设，在加快枢纽设施建设、提升通道能级、完善服务体系、促进运营合作等方面再发力。重点围绕港口型国家物流枢纽建设，加快安信公用码头、湖口银砂湾综合码头等项目建设。

三、开展推动生态环境治理机制创新

加强绿色发展示范的体制机制创新和平台建设，用好江西生态文明试验区创新举措，完善绿色发展政策制度体系。拓展点绿成金的转换途径，充分发挥市场力量和多元主体作用，推动九江绿色发展制度创新走在长江经济带沿线城市前列。

一是建立健全山水林田湖草综合治理机制。总结"河湖长制"前期推行经验，建立健全市县乡村全覆盖、江河湖库全纳入、区域与流域相结合的"河湖长制"组织体系，进一步强化完善河湖长责任体系。巩固和扩大"林长制"改革成果，完善市县乡村四级林长体系，特别是村级"一长两员"的森林资源源头管理架构；深化集体林权制度改革，加快集体林权流转管理服务体系建设，提升林权管理服务中心服务职能，进一步放活林地经营权，促进林地适度规模经营。

二是探索生态技术知识产权交易平台建设。面向山水林田湖草综合治理和化工转型升级需要，积极开展生态技术知识产权交易机制研究，探索生态技术知识产权交易平台建设。

三是探索建立全国氮磷指标交易平台。围绕"五河一湖一江"水环境治理，制定总磷总氮排放清单，建立国家氮磷总量控制和指标交易机制，探索建立氮磷排放指标交易平台，先期在全市工商企业间开展氮磷指标交易试点。

四是探索设立鄱阳湖长江水基金。推动国家和省、市人民政府以及鄱阳湖相关利益方共同出资，积极引入国家开发性金融、三峡集团等社会资本，探索设立鄱阳湖长江水基金。

五是开展生态补偿试点。探索流域上下游横向生态保护补偿机制，建立流域生态补偿基金，拓宽补偿资金的来源渠道，鼓励各类投资主体参与生态设施建设。水系直接汇入鄱阳湖和长江干流的县（市、区），在长江经济带生态环境保护中担负着重要责任，视其生态环境保护工作成效，给予适当财政奖补。

第六章 重庆广阳岛长江经济带绿色发展示范

广阳岛位于重庆市南岸区明月山、铜锣山之间，距离市中心 11 公里，枯水期面积约 10 平方公里，是长江上游的一个沙洲岛，是长江上游面积最大的江心绿岛。广阳岛历史悠久。在新石器时期就有人类活动，公元 4 世纪中期，广阳岛就已留名于历史中。东晋史书《华阳国志》记载，广阳岛原名广德屿，后因三国时期在其上游铜锣峡设阳关，分别取"广""阳"二字，称其为广阳岛。继上海崇明、湖北武汉、江西九江之后，重庆广阳岛、湖南岳阳被纳入第二批长江经济带绿色发展示范。2019 年 4 月，国家长江办正式印发《关于支持重庆广阳岛片区开展长江经济带绿色发展示范的意见》。

第一节 试点示范工作做法

重庆市南岸区长江广阳岛管委会于 2002 年 7 月成立，2010 年 5 月正式更名为重庆市长江广阳岛生态示范区开发建设管理委员会（习惯上仍称"广阳岛管委会"），是南岸区批准成立的正处级事业单位。获批国家示范区以后，管委会仍是广阳岛的行政管理主体，但由于范围扩大、任务增加，试点示范工作由市委、市政府领导，市发改委统筹推进。

一、明确发展定位和空间格局

在长江经济带绿色发展示范这个主题下，"广阳岛"有两个空间范围：一个是 10 平方公里的江心岛——广阳岛（在示范区建设中也称"生态岛"），另一个是 168 平方公里的广阳岛片区。

（一）发展定位

2016 年以前，由于生态景观良好、自然景观突出、距离中心城区核心区较近，广阳岛功能定位以住宅商业开发为主，曾规划了 300 万平方米房地产开发量，虽未实质性开发，但已搬迁居民 1 万余名，导致局部生态环境被破坏，千百年来形成的良田沃土和自然水系已不复存在。2016 年 1 月习近平总书记在重庆主持召开推动长江经济带发展座谈会，提出"生态优先、绿色发展"的战略定位和"共抓大保护、不搞大开发"的战略导向。随后，重庆市委、市政府果断决策，广阳岛大开发被踩下"急刹车"，包括广阳岛在内的 168 平方公里范围被划定为广阳岛片区进行整体规划建设，以生态保护为主重新定位，不搞商业开发，采取深入开展"山水林田湖草"系统治理等一系列举措，首要修复长江及江心岛生态，护一江清水向东流，努力把广阳岛打造成为"长江风景眼、重庆生态岛"，构建城市发展新格局。

2019 年 4 月以来，围绕长江经济带绿色发展示范要求，广阳岛示范区作出了明确的五大发展定位：大河文明国际交流之眼、长江生态保护展示之窗、重庆绿色发展智慧之谷、巴渝文化传承创新之门、城乡融合发展示范之岛。

（二）广阳岛发展方向

针对 10 平方公里广阳岛（属南岸区）范围，已编制《广阳岛详细规划》和绿色交通、生态设施等专项规划。以"天人合一"的价值追求建设"重庆生态岛"，进行山水林田湖草自然恢复、生态修复，丰富生物多样性，融合高品质生态设施和绿色建筑，打造"长江风景眼"，从重庆看世界，让世界看重庆。广阳岛的生态修复聚焦生态与风景，摒弃传统的景区、公园、旅游区思维，遵循本岛"陆桥岛"自然生态系统内部机理和演替规律，凝结出最优价值生命共同体和乡野化理论，实现人与自然和谐共生。实践上，广阳岛采取基于自然的生态修复解决方案，在摸清三个本底的基础上，坚持"多用自然的方法，少用人工的方法；多用生态的方法，少用工程的方法；多用柔性的方法，少用硬性的方法"，以自然恢复为主、人工帮扶为辅，实现了对上坝森林、山茶花田、高峰梯田、宝贝果园、胜利草场、小微湿地等区域的分项分类修复。

（三）广阳岛片区发展方向

广阳岛片区跨越一江两岸，涉及南岸区、重庆经开区、江北区、两江新区4 个行政区（功能区）。针对广阳岛片区，编制《广阳岛片区总体规划》，确定片区"一岛两湾四城"的总体空间格局（见图 6.1）。

"一岛"即广阳岛，"两湾"即广阳湾和铜锣湾，"四城"即通江新城、迎龙新城、东港新城与果园港城。划定 10 平方公里核心管控区、41 平方公里重点管控区和 117 平方公里协调管控区。核心管控区除标志建（构）筑外高

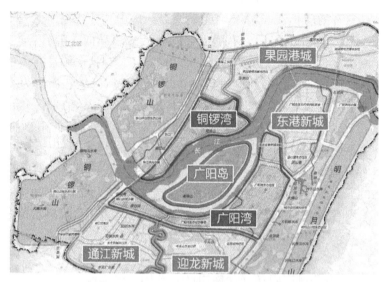

图 6-1 广阳岛片区"一岛两湾四城"的总体空间格局

度不超过 15 米，重点管控区不超过 24 米，协调管控区原则上不超过 45 米。广阳岛生态文明建设，以生态岛为核心，联动 168 平方公里广阳岛片区，提供了在一定区域内，由点及面，从生态保护修复促进绿水青山增值，到探索"两山"转化，再到推进城市发展绿色转型的系统实践经验。

二、确立领导体制和建设主体

基于生态保护修复，开展绿色发展示范，探索"两山"转化的新路径、新模式、新机制。2019 年 5 月，经重庆市委、市政府研究决定成立广阳岛片区长江经济带绿色发展示范建设领导小组，市政府市长为组长，常务副市长、分管副市长、三峡集团总经理为副组长，市级相关部门为成员单位；领导小组下设办公室，市政府分管副市长兼任领导小组办公室主任，统筹推进片区示范建设，每周上岛办公。在不改变现行行政体制和管辖范围的基础上，创新设立市属国有重点企业广阳岛绿色发展公司，与领导小组办公室合署办公，公司法人兼任领导小组办公室常务副主任，专职负责办公室日常工作。为统筹推进广阳岛片区长江经济带绿色发展示范建设工作，创新设立了"生态岛长制"，建立统一规划、分区实施、统筹平衡的跨区域协调工作机制，有效调动市级和区级两个层级的积极性。

广阳岛绿色发展公司作为生态修复、示范建设的实施业主，联合国内策划规划、全过程工程咨询、智慧生态、生态修复设计与施工等行业领先团队和专家，组建广阳岛生态文明建设事业生命共同体，在理论、规划、实践等方面开展探索创新并积极发挥示范效应。

在广阳岛生态修复实践中，广阳岛绿色发展公司负责组织管理，中国建筑设计研究院有限公司作为设计牵头，联合国内生态修复行业领先团队组建多个专项小分队，基于再野化理论，融入中国传统文化的生态观和自然观，营造望得见山、看得见水、记得住乡愁的生态保护修复场景和意境，凝练形成乡野化理论。联合广联达科技股份有限公司、中国科学院、中国信息通信研究院等单位共同开展智慧生态实践，发布《智慧生态白皮书》，凝练形成智慧生态"双基因融合、双螺旋发展"理论。①

2021 年 6 月 5 日，广阳岛智创生态城主要产业载体——"长江绿色创新产业园"正式揭牌。南岸区、重庆经开区同时宣布设立广阳岛绿色发展基金，规模为 30 亿元。坚持政府引导、市场化运作，通过充分发挥广阳岛绿色发展基金作为母基金在优化资源配置方面的独特功能，吸引资本聚焦高新技术产业，促进人才、技术、项目汇聚生态城，赋能绿色创新发展。

除此之外，该公司以广阳岛绿色发展基金为引导，与成都市、南岸区相关企业共同发起设立成渝双城智创基金和南山创投基金；与国家绿色产业发展基金、重庆市产业引导基金等发起组建股权投资、绿色环保、大健康三只基金。这些基金累计规模近 100 亿元，将为长江绿色创新产业园的发展提供强力支撑。

2018 年 6 月，三峡集团与重庆市签订坚持生态优先共推绿色发展战略合作框架协议，三峡集团所属长江环保集团"起点介入"广阳生态岛建设，全程介入广阳岛长江经济带绿色发展示范工作，成为示范工作主体之一，充分彰显了央企担当和社会责任。

三、筑牢绿色生态本底

运用生态的方法、系统的思维，通过"护山、理水、营林、疏田、清湖、丰草"六大措施进行广阳岛自然恢复、生态修复，保护好生物多样性，努力实现山清、水秀、林美、田良、湖净、草绿，筑牢绿色生态本底。

---

① 王岳，罗德成，黎海霞. 广阳岛生态文明建设实践创新 [J]. 风景园林，2021，28（S2）.

一是"护山"。对山体自然状态完整、没被破坏的部分进行严格保护，对山体已遭破坏的区域进行生态修复，新的建设活动不能对山体造成新的破坏，尽可能保护、恢复山形地貌。综合运用多种适宜技术控制和消除土壤污染源，增加土壤微生物，让土壤恢复到高品质的自然循环状态，提高全岛育林育草、生态自我修复的能力。

二是"理水"。遵循地表径流自然蓄存规律，综合应用水资源水生态水环境技术，还原岛内雨水自然积存、自然渗透、自然净化能力，化解山洪影响，优化提升现有防洪工程，与消落区治理相结合，建设生态岸线。

三是"营林"。保护岛内原生植物，留足植物自然恢复时间，适地适树、多用乡土树种，形成乔木、灌木、木质藤本稳定健康的植被群落，提高全岛水土保持、水源涵养的能力。

四是"疏田"。梳理岛内农田结构布局，努力再现原有水田和小尺度梯田的肌理结构和生态条件，适地适田，恢复部分原有水稻、油菜花、柑橘、向日葵等农作物的种植。建立种植养殖循环系统，将有机物发酵为有机肥，改良农田土壤质量，构建生态循环的农业模式。

五是"清湖"。结合地形和生态需要，在现状水塘基础上增加岛内湖库水面，通过清理湖底、生态防渗、驳岸修复和净化湖水等水环境治理与生态修复措施使湖泊具备积蓄雨水、农田灌溉、保护生物多样性的功能，提升湖泊生态价值。

六是"丰草"。遵循自然，以乡土草种为主，适地适草，退耕还草。全岛结合地形和土壤情况开展丰草保育，在东岛头恢复约 50 公顷草地。消落区重点抚育以白茅、芦苇等为代表的乡土草本优势群落，提升鸟类栖息地功能。①

四、打造"广阳岛生命共同体"

示范区建设启动后，在重庆市委、市政府"长江风景眼、重庆生态岛"这一明确定位下，决定打造"广阳岛生命共同体"（见图 6-2），使生态优先、绿色发展成为广阳岛新时代发展建设的主旋律。

"长江风景眼"，聚焦岛内岛外统筹布局长江生态保护展示等五大功能，精心策划、规划建设一批特色鲜明、内涵丰富、影响力大的项目，促进绿水青山转化为金山银山。而"重庆生态岛"，则体现"天人合一"的价值追求，尊

---

① 郭晓静，申晓佳. 广阳岛从六个方面开展绿色发展示范［N］. 重庆日报，2019-09-26.

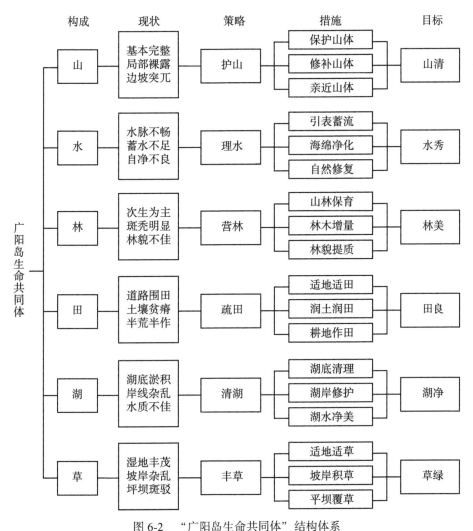

图 6-2　"广阳岛生命共同体"结构体系

重自然、顺应自然、保护自然、道法自然。坚持把修复长江生态环境摆在压倒性位置，持续推进自然恢复，系统开展生态修复。对自然生态本底条件良好的区域，通过分析自然生态过程、划定自然恢复范围，以"微梳理"的态度保护自然生态系统的地貌与植被，充分利用自然生态系统的自适应性与负反馈调节能力进行自然恢复，最大程度地保护自然生态系统的整体性。

在广阳岛生态修复中，通过设计乡村形态、增加乡村元素、营造乡村气息、丰富乡愁体验，合理发挥本土植被、人文要素的原生性和在地性，强化五节芒、山茶、平车前、火棘等本土"野草野花、野菜野果、野灌野乔"（即"六野"）的栽植应用，传承"机场、农场、运动场"历史基因，系统开展自然恢复和生态修复，广阳岛正呈现一幅原生态的巴渝乡村田园风景画卷。生态修复后，我们吸取传统"农林牧副渔"的绿色低碳循环智慧，培养引进"新农人"，按照山地都市生态农业模式长期运维，持续提升生态修复场景的"生态+农业"价值。通过这些措施，努力实现山清、水秀、林美、田良、湖净、草绿；按照"绿色、低碳、循环、智能"的理念，加快建设清洁能源、绿色交通、固废循环利用、生态化供排水等生态设施，修补和打造生态驿站、生态餐厅、移动餐车、无人售卖体系、电动公交、共享单车等岛内基础设施和人文设施。①

第二节　试点示范工作成效

广阳岛着眼"500 年前的生态，50 年后的生活"，凝心聚力开展试点示范工作，一座生态之城、智慧之城、创新之城、未来之城正在拔地而起。

一、探索出"生态中医院"模式

习近平总书记在深入推动长江经济带发展座谈会上强调："长江病了，而且病得还不轻。治好'长江病'，要科学运用中医整体观，追根溯源、诊断病因、找准病根、分类施策、系统治疗。"按照尊重自然、顺应自然、保护自然、道法自然的要求，从自然生态系统演替规律和内在机理出发，运用"中医模式"望闻问切、综合诊治，探索形成了广阳岛"生态中医院"模式。形成生态修复领域的"药典、医师、药方、中药"，建立了"领悟药典、科学把脉、精准开方、系统治疗、长期调理"的生态中医系统"疗程"。

（一）"三多三少"工法应用成功

在设计施工总承包模式下，发挥设计牵头和现场设计优势，设计师驻场指导施工。坚持一言一行、一草一木、一锹一土都聚焦生态，探索实践"三多三少"生态施工方法，即多用自然的方法少用人工的方法、多用生态的方法少用工程的方法、多用柔性的方法少用硬性的方法。如在广阳岛消落带生态修

---

①　柳香璐. 江心绿岛：广阳岛的绿色发展示范探索之路 [EB/OL]. 七一网，2022-09-07.

复治理中，巧妙利用消落带清理的枯木捆扎锚定来固土，大量选用乡土适生植物进行生境恢复，灵活围绕鱼类、鸟类及两栖类动物的生活习性和产卵特征进行修复治理，将生态栖息装置轻轻地放在自然环境当中，因地制宜、量体裁衣。广阳岛集成创新原乡风貌、巴渝林团、山地理水、山地农耕、花草田园、坡岸治理 6 项生态修复关键技术，建成上坝森林、高峰梯田、山顶人家、油菜花田、粉黛草田、胜利草场等生态修复示范地。

实践证明，采用生态工法工艺是成功的。2022 年夏季，重庆遭遇高温连晴极端天气，给植物生长带来了巨大挑战，但广阳岛上的兔儿坪消落带依旧绿意盎然。2020 年 8 月，长江重庆段遭遇罕见大洪水，洪水过境，消落带被全部淹没，但洪水退去不久后，同样是兔儿坪消落带，以巴茅为代表的植物很快重焕生机。广阳岛消落带生态修复治理成效先后经受住了旱涝两重考验，成为筑牢长江上游重要生态屏障的缩影。

（二）六大修复场景全面展示

一是原乡风貌得以展示。应用乡野化理论，在坡、坎、崖、坝等山地典型地貌生态修复中，强化"六野"元素，注重乡土设施，营造原乡场景，指导建成田园步道、庭院花境、生态驿站、码头渡口等生态修复内容。其中，立足乡土材料、创新传统工艺，全岛建设田园步道约 55 公里，包括泥结路、沙子路、石子路和老石板路。

二是巴渝林团初展风姿。它是"营林"的主要技术集成，结合微地形处理，种植巴渝色叶、果木、花木等树种，突出乡土适应性、四季观赏性、经济价值性，指导形成乡土林、花木林、彩木林、百竹林、果木林、珍木林等巴渝林团场景。

三是梳理形成全岛水系。它是"理水"的主要技术集成，通过寻源、探路、扶野、丰物、点景、宜人 6 项措施，加强对山地溪流湖塘的修复利用，梳理形成全岛"九湖十八溪"水系，并创新提出"小其形、微其状、湿其土、境其地"的小微湿地建设理念，营造动植物栖息天堂。

四是形成山地农耕场景。梳理岛内农田结构布局，塑造微地形，努力再现原有小尺度梯田的肌理结构和生态条件，选用重庆优质乡土农作物品种，结合现代农业储水、地埋式滴灌等技术和土壤在线监测、恒压变频精准灌溉等智慧管理手段，打造小规模、多品种、高品质、好价钱的山地都市生态农业示范地，形成高峰梯田等山地农耕场景。

五是建成花草田园观赏地。突出生态性、观赏性、经济性，为市民提供浪漫的田园生态休闲观光地，建成了山茶花田、油菜花田、粉黛草田和胜利草场。山茶花田种植多品种的山茶、月季和绣球，形成"山"地特色、"茶"类荟萃、"花"开四季、"田"园风光的重庆市花集中展示地；油菜花田通过改良百顷田地，两季轮作油菜、高粱，营造整齐大气的现代化都市农业场景；粉黛草田通过种植粉黛乱子草，呈现粉黛梦幻、百草丰美的生态花田场景；胜利草场呈现生态与人文相融合的草场风光、机场记忆、农场乡愁场景，探索巴渝地区集生产、放牧、观赏、体验为一体的现代生态农场修复示范。①

六是消落带华丽转身为"四带"。找准库区岛屿型消落带水位的涨落反自然枯洪规律、消落幅度大、生境复杂多样"三大特征"，提出保护优先、自然恢复为主、适当人工干预"三大策略"，基于垂直分层、水平分段、时间分时"三个维度"，按照固土护岸、稳定植被、丰富生物多样性"三个步骤"，系统运用植被群落修复、动物生境修复、生态系统修复、生态设施修复"四大技术体系"，创新消落带生态修复新模式，将广阳岛消落带建设为美丽怡人的"四带"——生态带、风景带、科普带、休闲带。

（三）"三场"建设效果良好

人工"鱼场"建设效果。广阳岛河段是中国珍稀特有鱼类和经济性鱼类的重要分布水域，水生态保护价值较大。通过保护建设索饵场、产卵场、越冬场，使广阳岛周边水域鱼类生境提升。据调查统计，广阳岛河段共分布有 154 种鱼类，其中国家Ⅰ级保护鱼类 2 种，国家Ⅱ级保护鱼类 5 种。

人工"鸟场"建设效果。广阳岛极具特色的山体林地、平坝田地、坡岸湿地，属于鸟类南北迁徙的重要通道之一，通过人工干预形成了多样生境的候鸟迁徙场和留鸟栖息场。目前，在广阳岛区域共发现鸟类 48 科 213 种，其中国家Ⅰ级保护鸟类 4 种，国家Ⅱ级保护鸟类 25 种。

人工"牧场"建设效果。广阳岛古称"畜沮"，意为古代先民放牧之地。按照资源保存、科普研学、互动体验的功能定位，延续"广阳坝园艺场"农场基因，打造具有科普和观赏性质的绿色牧场。

（四）生物多样性得到恢复

全岛主要的自然恢复区域包括兔儿坪湿地与高峰山、张家山山地区域。其

---

① 王岳，罗德成，黎海霞．广阳岛生态文明建设实践创新［J］．风景园林，2021，28（S2）．

中，广阳岛北侧的兔儿坪湿地是"水体—滩涂—湿地—岸线"特征的集中体现地，最初岛上居民在此耕作，居民迁出后，兔儿坪很少有人进入，经过几年的自然演替，已经形成了一片约 4 平方公里的河漫滩湿地区，白鹭、雁鸭等鸟类繁衍生息于此，是鸟类重要的栖息地，呈现出良好的自然生态景观效果，是广阳岛重要的生态和景观资源，需要重点保护。岛上的高峰山和张家山上的梯田、空地逐渐演替为次生林，现状林长势较好，郁闭度高，已成为广阳岛上动物的主要栖息地，是重要的生态基底，需重点保护。无论是兔儿坪，还是高峰山和张家山，都应以自然恢复为主。兔儿坪湿地及环岛消落带的湿地面积约 4 平方公里，高峰山和张家山的山林区域约 2.7 平方公里，自然恢复面积共计约 6.7 平方公里，占枯水期 157 米水位线全岛面积的 67%。[1]

广阳岛践行了生态修复以自然恢复为主的方针，生物多样性明显得到改善，记录到的植物从 383 种增加到 594 种，植被覆盖率 90% 以上。良好的自然环境也引来了包括国家一级重点保护动物中华秋沙鸭，国家二级保护动物游隼、短耳鸮、白琵鹭等在内的多种动物在此觅食休憩，记录到的动物从 310 种增加到 452 种。

二、建成了中国首个"生态大脑"

重庆市南岸区广阳岛建成的"生态大脑"为中国首个。这是南岸区"国家智能社会治理实验特色基地"在广阳岛创新打造的全域智能生态治理平台。基于该智能平台，整座广阳岛的山水林田湖草、动物、人、建筑设备乃至空气，可以全部被装在"生态大脑"里，并且实现全时段、全空间监测。"生态大脑"除了监控野生动物行踪，还能够全空间、全时段对全岛进行监测，从岛上每一处地形地貌、水体、树木、草地、农田位置、几何特征，到每一个人、车辆和设备的实时位置，再到水和空气等各类生态指标数据，其细致和全面程度在全国首屈一指。

通过信息监测，相关监测站配合灌溉系统、无人机机巢，将作物的信息数据和生长农情及时传回"生态大脑"，助力管理人员随时了解作物灌溉情况。如果监测到水质、土质发生变化，或者能耗过高等情况，"生态大脑"就会进行相应判断和处理。"生态大脑"能够从系统工程的角度实现在线智能化的"望闻问切"，综合统筹生态环境各要素，实现协同生态治理。

---

[1] 赵文斌. 重庆广阳岛：建设人与自然和谐共生的最优价值生命共同体 ［N］. 中国自然资源报，2021-06-17.

此外，"生态大脑"还具有三维推演功能，能够模拟仿真系统包括大气、微气候、水位、雨洪风险、能耗、物理环境等进行推演，通过结合详尽的生态要素，根据所得出结果可以推算出不同的生态规划方案，相关建设管理单位可以进行模拟比选，从而选择最优方案。①

依托广阳岛推动人工智能技术在生态健康全面感知、生态问题"专家诊疗"等场景的应用，促进以数字化手段优化变革生态环境治理结构和运行机制，为打造国家智能社会治理实验特色基地发挥了重要作用。

三、获得了国内外一系列荣誉

在习近平生态文明思想指导下，广阳岛示范区打造出了"生态中医院""生态产业群""生态大脑""生态岛长制"等生态品牌，形成了"生态+教育""生态+文化""生态+旅游""生态+农业""生态+健康""生态+智慧"等"生态+"两山转化产业模块，在国内外获得了一系列荣誉。如今，广阳岛水清岸绿、鱼翔浅底，再现了一幅巴渝原乡田园风景画卷。目前，一吨标煤产值率远远高于全国绿色园区领先值和全市其他园区的平均水平。"长江风景眼、重庆生态岛"雏形已显，"智创生态城"蓝图铺开，绿色发展示范效应初步显现。

2020年11月，广阳岛被生态环境部表彰授牌为全国第四批"绿水青山就是金山银山"实践创新基地。

2021年5月，广阳岛生态修复项目一期荣获国际风景园林师联合会（IFLA）杰出奖。据了解，IFLA于1948年在英国剑桥大学成立，总部设在法国凡尔赛，是目前国际风景园林行业影响力最大的国际学术组织之一。该奖旨在表彰项目建设在塑造城市和环境走向更美好未来所发挥的关键作用及为塑造美好的城市环境方面所做出的积极贡献。

2021年10月，广阳岛生态修复示范经验入选全国18个生态修复典型案例，被国家长江办、自然资源部、生态环境部向全国推介，并由自然资源部在联合国《生物多样性公约》缔约方大会第十五次会议（COP15）生态文明论坛上发布。

2021年12月，在深入学习贯彻习近平生态文明思想研讨会的实践创新分论坛上，广阳岛片区领导小组办公室以广阳岛生态文明建设实践创新案例代表重庆市作专题交流。

---

① 刘恩黎."城市生态大脑"创新生态智能治理［N］.经济参考报，2022-10-27.

2022 年 4 月，广阳岛在联合国"斯德哥尔摩+50"中国利益相关方对话会作经验交流。作为唯一受邀参会的生态修复实践案例进行了专题分享，受到联合国环境署和各国专家学者的高度赞许。

2022 年 8 月，广阳岛生态修复项目成功入围"世界建筑节大奖"，成为全球仅有的 17 个乡村景观奖入围项目之一。世界建筑节大奖是全球规模最大、声望最高的建筑奖项之一。

2023 年 2 月，联合国宣布首批 10 个生态恢复旗舰项目，中国"山水工程"入选。"山水工程"包含全国 75 个大型生态系统修复项目，其中就有长江上游生态屏障（重庆段）山水林田湖草生态保护修复国家试点工程，广阳岛生态修复项目则是该试点工程的重要组成部分。

第三节　加强试点示范的建议

抢抓成渝地区双城经济圈建设机遇，坚持"长江风景眼、重庆生态岛"的总体定位不动摇，加强市区联动、岛城统筹，持续推动广阳岛长江经济带绿色发展示范区和"两山"实践创新基地建设。

一、推行绿色生产

积极构建包括智能网联新能源汽车、新一代电子信息制造业、先进材料等 3 大万亿级主导产业集群在内的"3+3+6+18"的产业架构，同时全面推进制造业"亩均论英雄"改革和工业用地标准地出让，推动土地复合利用、空间分层使用、地上地下综合开发。

协同推进减污和降碳。提档升级绿色制造、推广应用绿色建造、集聚发展绿色环保、大力布局绿色能源、积极创新绿色金融等，加快推动生态产业化、产业生态化。加快信息技术在绿色制造领域的应用，开展绿色智能工厂试点。重点推进能效"领跑者"和绿色工厂建设，推动装备制造、现代医药等产业向绿色制造转型；推广绿色节能技术、绿色建材和装配式建筑示范应用。推动产业高效低碳升级，通过强化绿色环保产业孵化和培育，支持领军企业开展碳捕集、利用与封存等科技攻关和示范，布局智能终端、高端装备、节能环保等新兴产业项目，积极发展循环经济，推进资源节约集约利用。大力发展清洁能源，深化开展能源互联网创新试点，加快建成中国能建西部绿色能源中心，尽最大可能提高生物质能、江水源热泵、风能、太阳能等清洁能源的使用率，确保全岛清洁能源利用率达到 100%。以市、区共建长嘉汇金融中心为抓手，在建设绿色金融改革创新试验区上先行先试，加快建设铜元局重庆时光、广阳湾金融科技城。

深入推进广阳岛智创生态城建设，走"绿色+""智慧+"高质量发展之路。广阳岛智创生态城是南岸区生态资源最富集、创新主体最集聚、创新活力最强劲、应用场景最丰富、发展空间最广阔的区域。南岸区将以广阳岛片区长江经济带绿色发展示范为引领，紧扣"长江风景眼、重庆生态岛"定位，加快推进大数据智能化创新，推动数字经济与实体经济融合发展。在加速布局数字基建、发展壮大数字产业、积极推动数字转型、打造数字场景等方面持续发力，到2025年，广阳岛智创生态城数字经济增加值占地区生产总值比重达35%，单位地区生产总值能源消耗降低13%以上，科技创新实力处于全市前列，力争在全市率先实现碳达峰，初步建成"中国碳谷"。

二、倡导绿色生活

树立绿色消费观。倡导居民使用绿色产品，开展节水节电和"光盘"行动，倡导民众参与绿色志愿服务，引导民众树立绿色增长、共建共享的理念，养成绿色消费、绿色出行、绿色居住的习惯，按自然、环保、节俭、健康的方式生活。如尽量不使用一次性木筷、尽量少用一次性物品、双面使用纸张、不追求过度的时尚；拒绝使用珍贵动植物制品、拒绝过分包装并且支持可循环使用的产品等。

构建绿色交通体系。积极布局充电桩、充电站、加氢站等交通基础设施，构建以轨道交通为引领、公交优先、慢行友好的绿色交通体系。岛内建设多级慢行系统和电动公交接驳体系，禁止燃油交通工具，探索应用无人驾驶技术，实现岛内日常绿色交通出行率达到100%。

建立"飞船式"固废循环利用体系。全面推进垃圾分类和减量化、资源化，构建市场导向的绿色技术创新体系。岛内日常产生的生活垃圾全部在岛上降解分解、消化吸纳和循环利用，实现岛内日常生活垃圾对环境的零排放。岛内建立分布式雨水资源利用系统，实现岛内日常用水自求平衡；建立分布式污水再生利用系统，实现岛内污水对环境的零排放

建设美丽宜居城乡。注重设计乡村形态、增加乡村元素、营造乡村气息，增加"乡愁"体验，做到因山就势，融入自然，建设巴渝版现代"富春山居图"。岛内建筑全面达到绿色建筑标准，应用BIM技术、绿色建材、装配式工艺等，建设被动式、微能耗建筑。对现状保留建筑和设施进行保护修缮，加固利用。按照"绿色、低碳、循环、智能"的理念修补和建设岛内基础设施和

人文设施，最大程度降低对自然生态本底的影响。加快推进老旧小区、商务楼宇等绿色低碳改造。

牢固树立市场意识、"算账思维"，统筹全岛和场馆设施进行整体经营；智慧化做好运行管理，研究推出针对不同群体的研学课程，加快推动生态岛向教育岛、文旅岛、康体岛、外事岛、数字岛、宜居岛迭代升级。

三、推动绿色创新

推动绿色创新发展，企业是主体，项目是关键，人才是动力。要大力支持在区高校、科研院所、企业自建或共建专业化、市场化科技成果转化平台，引进专业成果转化运营服务团队，建设一批科技成果转移转化平台和中试熟化基地。支持清华力合重庆创新中心、京东智联云（重庆）创新中心创建国家级科技企业孵化器，大力引进和培育一批专业孵化服务机构，加快构建"众创空间—孵化器—加速器—产业园区"全链条孵化体系，让更多科创"种子"生根发芽、开花结果。支持广阳岛片区内高校、科研院所、企业围绕低碳科技开展关键核心技术研发与应用示范，加强对片区内战略性新兴产业和科技创新企业发展的股权融资支持，支持片区内科技人才申报，培养一批高层次科技人才。

加快构建龙头企业牵头、高校院所支撑、各创新主体相互协同的绿色创新体系，快速抢占绿色创新发展新高地。加快推进环大学创新生态圈建设，高标准打造重庆工商大学广阳岛校区、重庆邮电大学"三院"、中国人民大学商学院重庆分院等项目，加强与清华大学、中国科学院大学、电子科技大学、同济大学、武汉大学等高校的合作，建设一批新型研发机构，共推绿色创新。

在绿色创新中要注重开辟新领域。2023 年 3 月 23 日，武汉大学、中国环境监测总站、中国科学院地理科学与资源研究所、重庆市生态环境局、重庆广阳岛绿色发展有限责任公司以及中国科学院重庆绿色智能技术研究院在重庆广阳岛签订科技合作框架协议。此次六方科技合作框架协议的签订，主要是依托于长江模拟器项目在广阳岛的落地实施。武汉大学教授、首席科学家夏军院士是长江模拟器项目发起人，该装置是以长江流域为对象，以流域水循环为纽带，以"了解过去长江、认识现在长江、展望未来长江"为其主要功能，实现长江"湖库—岸线—城市群"综合模拟与环境治理应用与示范。它强调上、中、下游以及湖库—岸线—城市群的互联互动，强调自然科学与社会科学的深度交叉，强调大数据和人工智能信息支持，具有监测—模拟—评价—预警—决策支持功能。可应用于农业、水利、水资源管理、航运、防洪、环境保护等多个领域，服务于美丽中国、长江大保护的绿色发展目标。夏军院士团队的长江模拟器项目以及"水生态环境监测监控与评价联合研究平台"，为长江流域生态环境保护提供有力支撑，也为广阳岛长江经济带绿色发展示范增光添彩。

四、发扬长江文化

建议利用好、活化好、传承好广阳岛的文化遗产，开发广阳岛片区历史文化资源，加强广阳岛抗战遗址群——广阳营的保护和利用，开展爱国主义教育。将广阳岛片区文化建设与长江国家文化公园建设、三峡文物、川渝文化遗产保护利用相结合，争取列入长江国家文化公园项目库。策划文旅融合发展项目，提供丰富多彩的文旅产品，切实发挥广阳岛生态和历史文化资源价值。完善长江书院运行机制，导入长江非物质文化遗产。重点培育广阳岛数字产业园、网易数字文创产业园等数字文化产业创新发展平台。创办生态文明国际峰会，举办中国航空体育节会、展会、运动会，培育广阳文化新品牌。建立重庆广阳岛国际论坛机制、广阳岛绿色发展高端智库，引导广大高层次专家人才为广阳岛片区建设提供智力支持。通过在春季举办大河文明国际峰会和秋季举办长江生态文明创新发展大会，打造"生态达沃斯"，扩大广阳岛长江经济带绿色发展示范的社会影响力。通过长江国家文化工程、重庆文化记忆工程，打造大江大国脉、大城大史诗的"文化风景眼"。通过长江流域生态环境大数据公共服务平台、行业应用平台、政务共享平台、智慧广阳运营系统，打造大数据智能化的生态版"长江史记"。

着力打造具有世界影响力的旅游景区。高水平建设广阳生态旅游岛，着力打造"长江风景眼、重庆生态岛、智创生态城"；积极对接"长嘉汇—大南山—广阳岛"国家5A级旅游景区创建，按照"百年大计·时代精品"的要求，打造文旅商多元融合的国际都市旅游目的地。以巴蜀文化为纽带，以文化旅游融合发展为突破口，进一步整合山水资源，深度挖掘人文资源，聚焦广阳湾智创生态城，打造具有标志性、引领性、带动性的国际旅游品牌。

第七章 湖南岳阳长江经济带绿色发展示范

2020 年 8 月，国家长江办正式印发《关于支持湖南岳阳开展长江经济带绿色发展示范的意见》，岳阳成为第 5 个国家长江经济带绿色发展示范城市。实施方案明确将岳阳打造成为湖南"一带一路"高质量发展的先行区和长江经济带绿色发展的桥头堡，主要任务包括优化空间布局、加强生态保护与环境治理、破解"化工围江"难题、实施乡村振兴战略、完善配套服务体系、推进体制机制创新 6 个方面，主要示范方向是在营造和谐江湖生态系统、破解"化工围江"难题、构建生态产品价值实现机制等 3 个方面形成示范。岳阳市对标实施方案，扎扎实实开展试点示范，已经成为长江经济带高质量发展的一颗冉冉升起的新星。

第一节 试点示范工作做法

近年来，岳阳深入贯彻习近平生态文明思想，始终牢记"守护好一江碧水"的殷切嘱托，坚持共抓大保护、不搞大开发，加快长江经济带绿色发展示范区建设，在强化顶层设计、改善生态环境、促进转型发展、创新体制机制等方面做了大量工作，效果比较显著。

一、坚持绿色发展不动摇

2018 年生态环境治理持续攻坚。按照习近平总书记重要指示精神，把保护长江生态环境摆在压倒性位置，坚决做到守土有责、守土尽责。坚持高标准谋划。全面贯彻习近平总书记在深入推动长江经济带发展座谈会上的三次重要讲话精神，统筹推进工业排污整治等"七大行动"，率先在全省推行河长制"五个一"工作机制，"绿色岳阳"建设迈出坚实步伐。坚持高强度推动。中央环保督察 6 项未销号问题完成年度整改任务，下塞湖矮围整治得到国务院联合调查组充分肯定，绿色化工产业园云溪片区环境问题整改任务基本完成，河道采砂治理、排污排渍口整治、饮用水源地保护、河湖"清四乱"等工作走在全省前列，洞庭湖生态环境整治取得阶段性成效。突出长江岸线码头整治，拆除小散泊位42个，关停危险渡口13道，退出长江岸线7.3公里，得到中央第四环保督察组高度肯定。突出黑臭水体整治，27处年度任务基本完成，中心城区最大的黑臭水体东风湖加快重现水清岸绿"新画卷"。坚持高规格协作。加强与三峡集团合作，南港河、北港河综合整治等一批先行先试项目落地实施。

2019年加速补齐发展短板。强力推进各类环保突出问题整改，岳阳市生态环境持续改善，湘阴获评湖南第一批省级生态文明建设示范县。河湖水质变清了。积极创建长江经济带绿色发展示范区，加强与三峡集团、国开行和农发行合作，中心城区污水系统综合治理先行先试PPP示范项目全面铺开，8大类"美丽洞庭"综合治理一期项目加快推进。严格落实河湖长制，清理河湖"四乱"611处。全年对长江干流5个断面监测60次，水质达标率100%，Ⅱ类水质出现44次，是多年以来最高水平，洞庭湖水质综合评价达到地表水Ⅳ类标准。岸线湿地变美了。实施洞庭湖湿地生态系统修复工程和长江码头岸线复绿工程，修复湿地生态3.1万亩，完成岸线绿化1.32万亩，复绿率达100%。洞庭湖越冬候鸟超过24万只，江豚、麋鹿稳定栖息种群数量分别达到110头和200头。空气指数变优了。完成40家企业无组织排放改造治理和33家企业特别排放限制改造，岳阳市城区空气质量优良率居全省6个大气污染传输通道城市首位。土壤质量变高了，实施土壤污染防治项目10个，危险废物处置利用率达77.5%。

2020年生态治理攻坚战成效显著。污染防治加压加力。投入资金280多亿元，持续开展污染防治攻坚战夏季攻势、洞庭清波行动，多年形成的乱排滥放、乱采滥占、乱围滥捕等问题得到较好解决；关停非法砂石码头155处，退还长江岸线7.24公里，完成35家造纸企业和15家沿江化工企业退出；岳阳危化品船舶洗舱站、中部地区最大锚地岸电项目等建成投用，乡镇污水处理设施全覆盖，东风湖、黄盖湖获评全省"美丽河湖"，长江水质断面达到Ⅱ类，洞庭湖水质综合评价接近地表水Ⅲ类，岳阳获批国家长江经济带绿色发展示范区、全国黑臭水体治理示范城市、首批海绵城市建设示范城市。

2021年聚焦绿色示范。坚持共抓大保护、不搞大开发，深化绿色发展示范区建设。以最严攻势倒逼污染防治。坚持每季度拍摄突出环保问题警示片，实行"环保做不好，登报做检讨"，25个中央和省交办问题整改、"夏季攻势"401项任务全面完成，"利剑行动"695个问题全部整改降级，突出环境问题整改、黄盖湖水环境整治入选全省十佳典型案例。以最严举措构筑生态屏障。完成县级以上生态廊道建设 2536 公顷，初步建成兼具生态功能和景观效应的"绿色长廊"，山水林田湖草沙一体化保护和修复工程加快推进，新建污水管网 98.88 公里，乡镇污水处理设施运行负荷率提升 8 个百分点。以最严法治改善环境质量。严格落实《长江保护法》，完成 10 家沿江化工企业搬迁，绿化长江岸线和工业园区 4483 亩，洞庭湖水上联合执法基地指挥中心投入使用。在水位破历史纪录下降、生态环境异常敏感脆弱的情况下，长江岳阳段水质优良率达到 100%，中心城区空气质量首次达到国家二级标准。习近平总书记"守护好一江碧水"的殷切嘱托，始终指引着岳阳在生态优先绿色发展的道路上奋力前行，绿水青山已经成为岳阳发展的"硬核竞争力"、岳阳人民的"幸福不动产"。

二、完善试点示范顶层设计

2020 年获批国家长江经济带绿色发展示范城市后，岳阳市政府召开会议，审议并原则通过了《岳阳市"十四五"长江经济带城镇污水垃圾处理实施方案》《岳阳市"十四五"长江经济带化工污染治理实施方案》《岳阳市"十四五"长江经济带农业面源污染综合治理实施方案》《岳阳市"十四五"长江经济带船舶污染治理实施方案》《岳阳市"十四五"长江经济带尾矿库治理实施方案》等 5 个文件。岳阳坚持做到以下几个方面：

以硬肩膀扛牢示范之责。推进长江经济带绿色发展示范区建设，没有旁观者、人人都是参与者，没有观察员、人人都是战斗员，用更加坚定的政治态度担当、用更加统一的思想认识推进、用更加迅速的行动措施落实，准确把握"生态优先、绿色发展"的战略定位、"共抓大保护、不搞大开发"的战略导向、"使长江经济带成为生态优先绿色发展主战场、畅通国内国际双循环主动脉、引领高质量发展主力军"的目标要求，立说立行、大干快干，工作一部署、马上抓落实，工作一完成、马上抓复盘，确保工作落地见效。

以硬决心彰显示范之为。紧紧围绕"示范"二字做文章，强化规划意识，把准规划定位、突出规划统筹、加强规划执行；强化生态意识，读懂生态背后的民生情怀，推进生态利民、生态惠民、生态富民，推动生态要素变为资源要素、生态价值变为经济价值、生态优势变为发展优势；强化发展意识，增强绿色发展新动能、拓展绿色发展新通道、激发绿色发展新活力，实现高质量发展；强化创新意识，结合岳阳实际，在生态产品价值核算创新、生态产品市场化经营创新、金融助力创新等方面走出符合岳阳发展的新路子，让创新之为在岳阳生根开花。

以硬手腕共建示范之功。坚持从严从实、较真碰硬，坚持守土有责、守土负责、守土尽责，实现责任清单化、落实项目化、进度节点化、考评精细化，苦干实干、久久为功，向党和人民交上一份绿色发展示范的完美答卷。

三、开展洞庭湖水环境专项整治

岳阳地处长江之滨，洞庭湖畔，区域水域面积达到 451.68 万亩。作为大江大湖地区，水情就是最大的市情。近年来，岳阳强化长江和洞庭湖水环境专项整治，推动水环境整治取得了突破性进展。一是严格控制了农业面源污染，加快推进洞庭湖区生态农业和循环农业建设，加大绿色防控、测土配方施肥、水肥一体化推广力度。目前，主要农作物测土配方施肥覆盖率达到 95%、病虫害绿色防控覆盖率达到 40%、化学农药减量在 12%以上，有效控制养殖污染，依法全部关停排放不达标的规模养殖场，长江干线延伸陆域 1 公里范围内消除禽兽养殖场和养猪专业户，全面禁止了洞庭湖区天然水域投饵投饵养殖。二是开展黑臭水体、劣 V 类水体治理。水质优良比例持续维持在 75%以上，重要江河湖泊水功能水质达标率达到 84%，长江经济带绿色长廊初步建成。

三是加大了城乡生活污染治理。以沿江沿湖城镇污水垃圾治理为重点，提高了污水垃圾处理水平，生活垃圾定点存放清运率达到 100%，生活垃圾无害化处理率达 95%，洞庭湖重点区域和重点城镇污水处理设施全覆盖。

四、实施沿江沿湖岸线保护工程

岳阳拥有 163 公里长江岸线和东洞庭湖主要岸线资源。绿色试点以来，岳阳市加强长江和洞庭湖岸线资源保护，坚持问题导向，强化治理攻坚。一是强化沿江化工、重金属企业整治。对长江沿线的临湘儒溪工业园、城陵矶新港区等重点工业园区进行严格监管，坚决确保化工企业增量为零，对小型化工企业实行有计划的关停并转迁；重点工业园区建立重点企业水污染治理档案，加强重点企业源头管控。二是加强长江、洞庭湖岸线码头整治，长江干线暂不批复新的码头，已批复的码头暂缓建设，关停手续不全、环保不达标的码头，巩固长江干线非法码头专项整治成果，防止非法码头死灰复燃；对东洞庭湖区沙石码头进行规范治理，严格实施沙石码头功能分区，推进岸线码头整合，提高岸线码头使用效率；规范河道采砂和河道功能，设置河道禁采区和可采区，全面禁止东洞庭湖自然保护区等禁采区水域采砂。三是加强船舶污染治理，加快环洞庭湖区船舶污染物接收处置设施建设，将船舶生活污水、生活垃圾、油污水、洗舱水接收设施纳入市政处理系统，持续推动船舶环保设施改造，全面建立船舶污染物接收、转运和处理监管制度。

第二节　试点示范工作成效

试点示范以来，按照实施方案的要求，岳阳全面落实湖南省"三高四新"战略定位和使命任务，加快建设产业强劲、开放领跑、绿色示范、人民共富的省域副中心城市。作为内陆地区改革开放先行者，岳阳正在成长为长江经济带绿色发展示范区和湖南高质量发展增长极，全市地区生产总值由 2012 年的1837.92 亿元增至 2021 年的 4402.98 亿元，全省第二经济强市地位进一步巩固。

一、生态优先，擦亮"绿"的底色

2020 年 8 月，岳阳成为国家长江经济带绿色发展第 5 个试点示范城市。荣誉的背后，是岳阳全面打赢污染防治攻坚战的坚定决心和有力举措。

近年来，针对"化工围江"乱象，岳阳停产 234 家造纸企业，完成 35 家造纸企业制浆产能退出，关闭淘汰 47 家苎麻纺织企业，出台沿江化工生产企业关停搬迁改造工作方案，从根源上解决长江沿岸和环洞庭湖生态环境系列问题。正在建设的巴陵石化公司己内酰胺产业链搬迁与升级转型发展项目，总投资 153.5 亿元，是目前湖南省工业用地面积最大的项目，2023 年二季度投产，项目建成后，岳阳石化产业技工贸收入有望突破 7000 亿元，还可实现单位污染物排放量减半。

2018 年起，岳阳把修复长江和洞庭湖生态环境摆在压倒性位置，重点实施沿江化工企业整治、长江岸线码头整治、黑臭水体治理、沿江环湖生态修复、沿江环湖地区"空心房"整治、重点领域整治、河长巡河"七大行动"和洞庭湖生态环境专项整治"三年行动"，深入推进污染防治攻坚战，共投入资金 300 多亿元，以突出环境问题整改为抓手，打赢一场漂亮的蓝天碧水净土保卫战。"河湖长制"落到实处，市县乡村四级河湖长每年巡河 10 万多人次。持续开展生态环保问题暗访跟拍和"河湖健康问诊"暗访督察，建立每月县市区生态环境评估排名制度。

截至 2020 年年底，岳阳市基本消除黑臭水体。2020—2021 年，黄盖湖、东风湖先后获评湖南省"美丽河湖"，长江干流水质达标率连续多年保持100%，中心城区空气质量优良率达 90.7%。

二、工业强劲，彰显"链"的成色

既要绿水青山，又要金山银山，产业转型是治本之策，产业强劲是支撑之基。20世纪六七十年代，长岭炼油厂、岳阳化工总厂、岳阳造纸厂等一批中央、省属大中型企业建成投产。近年来，岳阳坚持把产业项目作为推动高质量发展的基础，扎实开展产业发展"万千百"工程建设，瞄准三类500强企业，持续招大引强、培优扶强，产业结构持续优化，"四梁八柱"全面夯实。中联重科新材料、正威、攀华等一批百亿级旗舰产业项目扎堆落户，华电平江电厂、国能岳阳电厂、平江抽水蓄能电站等一批重大能源项目扎实推进。"迎老乡、回故乡、建家乡"行动深入推进，2022年1—8月，湘商回乡投资项目达239个，实际到位资金509.46亿元。

经济发展，产业园区是主战场。岳阳市扎实推进"五好"园区创建，科学布局主导产业，探索推行托管、飞地等合作模式，建设产业联盟和园区共同体。抓好土地利用清理、发展主导产业等重点工作，着力提高园区"亩均效益"。2022年1—8月，湖南绿色化工高新区亩均效益达36.16万元。10年来，岳阳成功创建省级高新区7家，岳阳经开区、湖南绿色化工高新区晋升千亿产业园区，城陵矶新港区、湘江新区湘阴片区、湖南工程机械配套产业园走势强劲。2022年，岳阳市出台市级领导联系"12+1"产业链和重点企业方案，29名市级领导"一对一"联系帮扶重点项目，2214名驻企联络员下沉一线，为产业项目建设提供支持。目前，全市"12+1"产业链企业库里，已有龙头企业84家、重点企业237家，着力推动产业链向价值链中高端发展。2022年1—8月，岳阳市共引进产业链项目506个，总投资2057.28亿元，石油化工、食品加工、现代物流、文体旅游4条产业链产值突破千亿元。

岳阳出台《关于创建一流营商环境的实施意见》，深入开展"走流程、解难题、优服务"行动和"纾困增效"专项行动，推动"一件事一次办"等改革。2018年以来，常态化开展"企业家沙龙""畅聊早餐会"等，按照"企业家需要谁就邀请谁"的原则，让政府部门负责人倾听企业家的诉求，拉近政企之间的距离。随着营商环境越来越有吸引力，全市招商引资、项目建设捷报频传，2022年全市招商引资到位资金912亿元，同比增长30.4%，跑出产业强劲的"加速度"。

三、开放领跑，增强"港"的亮色

岳阳临洞庭、濒长江，孕育了长江重要良港城陵矶港。10年来，岳阳市坚持敞开门户促发展，用好用足通江达海区位优势，推动南北双向开放，积极融入"一带一路"建设和新发展格局，开放型经济走势强劲。作为口岸城市，岳阳把港口开放作为兴市必由之路，依凭独特优势，实施双港驱动战略，让"黄金水道"产生"黄金效益"。

2019年9月24日，中国（湖南）自由贸易试验区岳阳片区揭牌，总投资222亿元的16个项目当天签约，岳阳自此开启建设高标准高质量的自贸试验区征程。自成立以来，岳阳片区突出制度创新，大力发展航运物流、新一代信息技术等临港产业，共引进项目200个，总投资额1066.06亿元。其中，10亿~50亿元项目7个、50亿元以上项目9个、100亿元以上项目3个、三类500强企业投资项目8个。如今，岳阳城陵矶新港区拥有"三区一港四口岸"——中国（湖南）自由贸易试验区岳阳片区、中国（岳阳）跨境电商综合试验区、岳阳城陵矶综合保税区，启运退税港，汽车、肉类、粮食、水果进口指定口岸等8个国家级开放平台。

依托开放平台，岳阳片区先后开通岳阳至香港直达航线、岳阳至重庆集装箱航线，建成松阳湖铁路专用线，构建立体物流网络和多式联运物流体系，以及水、公、铁、空多式联运大交通格局，基本形成以城陵矶港为龙头的"一枢纽多重点"现代港口集群。开放一路向北，依托港口着力对接长江经济带；一路向南，依托"强省会"战略紧密对接长沙，加快长岳协同发展。湘江新区湘阴片区异军突起，总投资300亿元的中联重科新材料（湘阴）标杆工厂开工建设，总投资超100亿元的虞公港及开发区建设正式签约；湖南汨罗工程机械配套产业园全面发力，形成以三一筑工、山河智能等龙头企业为主导，中立机械、鼎成汽车等配套项目为支撑的产业生态，岳阳开放的广度、深度、热度全面提升。2022年前三季度，城陵矶港实现集装箱吞吐量69.33万标箱，同比增长49.51%，其中，9月份完成了11.51万标箱。

四、农业兴市，乡村呈现"绿"的生机

2017年，岳阳选派3000多名驻村工作队员、近10万名党员干部结对帮扶贫困村。驻村第一书记聚焦主责抓党建，推行"五强五好"举措，努力打造一支永不撤走的工作队，有效推进基层治理工作重心下沉，为打好打赢脱贫攻坚战提供坚强的组织保障。历经持续奋战，岳阳决战脱贫攻坚交出优异答卷：建设扶贫项目5.5万个，11.8万贫困劳动力实现就业，40.1万贫困群众全部脱贫，319个贫困村全部退出，平江县如期脱贫摘帽。

2022年8月，湖南省政府发布《支持岳阳市加快建设省域副中心城市的意见》。建设城乡融合、共同繁荣的省域副中心城市，既要把城市做精做美，又要让乡村宜居宜业，更要让群众安居乐业。岳阳大米、华容芥菜、君山银针、平江酱干、张谷英油豆腐、湘阴藠头近年来名气越来越大，岳阳湖区优质农产品相继"出圈"，广受国内外市场欢迎。

乡村振兴路上，岳阳脚步铿锵，重点建设大美湖区优质农产品基地，打好农村人居环境整治、规范村民建房和移风易俗"组合拳"。岳阳稳步建设大美湖区优质农产品基地，7 大百亿农业特色产业发展态势良好；改造农村危房5.5 万户，创建农业特色小镇 25 个、美丽乡村示范村 158 个，让乡村成为留住乡愁、承载希望的家园；完成农村改厕 35.1 万户，农村集中饮水受益人口218 万人。2022 年 5 月，岳阳选派 152 名队员，组成 50 支市派驻村工作队完成入驻，接续推进乡村全面振兴。各县（市、区）1253 名队员组成的 485 支县派驻村工作队陆续入驻。全市新一轮驻村帮扶工作做到"一村一队"全覆盖，整体布局更加合理，队员搭配更加均衡，确保驻村队伍坚强有力、能打胜仗。

五、环境优美，"严"的整治体系确立

岳阳市土地面积 14861.78 平方公里，林地 5841.76 平方公里。拥有 163公里长江岸线、60%以上洞庭湖水域面积。有岳阳楼、君山岛、屈子祠、张谷英古建筑群等风景名胜 193 处。生态质量稳步提升，2022 年岳阳市城区空气质量优良率居全省 6 个大气污染传输通道城市首位，长江水质监测达标率达100%，Ⅱ类水质占比达 73.3%，洞庭湖水质综合评价达到地表水 Ⅳ 类标准。生态效应不断增强，全市农产品"三品一标"总数达到 252 个，岳阳黄茶、华容芥菜、洞庭虾蟹、汨罗甜酒、临湘竹器 5 个特色产业年总产值在 140 亿元以上。2019 年全市旅游接待总人数达 6513.8 万人次，完成旅游总收入达655.7 亿元。生态改革不断推进，出台了《关于健全生态保护补偿机制的实施意见》，制定出台了《岳阳市主要污染物排污权有偿使用和交易管理实施办法》，在全市重点企业开展温室气体排放量摸底调查，自然资源权责统一的行政管理体系初步建立。

第三节　加强试点示范引领

为了巩固岳阳长江经济带绿色发展试点示范成果，扎实走好高质量发展道路，下一步岳阳需要继续做好以下几个方面：

一、坚持用习近平法治思想治理长江经济带

长江经济带横贯我国东、中、西部，流域范围辐射大，行政区域涉及广，生态环境影响宽。在长江经济带绿色发展的道路上，坚持习近平法治思想对于推动长江经济带高质量发展非常重要。长江经济带绿色发展的过程就是绿色发展与生态法治的良性互动，即在法治化中推进绿色发展，在绿色发展中完善法治，继而法治又为绿色发展提供有力保障，如此良性循环。未来推动长江经济带绿色发展中，岳阳市要进一步坚持习近平法治思想，以"生态优先，绿色发展"为目标，以系统谋划、立法先行为思路，严格执法、共同治理，建立长江经济带绿色发展示范区，推动长江经济带可持续发展。下一步，岳阳市长江生态环境整治工作任重而道远。在地方生态保护过程中，如何进一步协调治理，如何实施有效生态价值补偿，如何在省级层面开展联合执法，依然有待走深走实。长江经济带绿色发展是一项千秋伟业，岳阳市要在长江经济带绿色发展示范验收以后，继续坚持"共抓大保护，不搞大开发"的理念，推动生态优先，绿色发展；做好法律法规协调工作，认真解决法律法规在具体执行中不协调、尺度不一致的难题；在《长江保护法》的总框架下，完善地方法律法规，更新执法理念；严格执法力度，坚决打掉地方保护主义，惩治危害长江保护的各种黑恶势力；加大法制宣传教育，增强法治意识，形成全社会共同维护长江大保护的良好局面，让长江永远造福生活在这里的子子孙孙。着眼于第二个百年奋斗目标，习近平法治思想必将为长江经济带绿色发展作出更大贡献。

二、坚持不懈构建有竞争力的现代产业体系

推动制造业转型升级，构建岳阳现代产业新格局。围绕产业层级高级化、产业链现代化，建设石油化工、食品、电子信息、装备制造、电力能源、现代物流、文化旅游7大千亿产业，壮大新兴优势产业链。构建有影响力的优势产业基地，实现优势产业提质升级。突出发挥石化产业优势，依托国家新型工业化产业示范基地——湖南岳阳绿色化工产业园，打造国内有影响力的石化产业基地。推进电力能源、氢能示范应用城市建设，建成长江经济带综合能源基地。加快湖南工程机械配套产业园、湖南先进装备制造（新能源）特色产业园建设，打造大型高端装备制造、新型功能材料产业基地。协同共建长株潭衡岳国防科技工业创新示范基地。建设临空经济区。支持依托三荷机场设立临空经济区，尽快建成区域航空物流枢纽，大力发展临空产业。壮大枢纽经济，构建枢纽经济体系，打造物流通道与产业发展良性互动的枢纽经济新格局。完善

岳阳港运营近海直航及国际接力航线运营机制，推进中欧班列岳阳站建设，打造区域货源集聚分拨中心，加快推进国家骨干冷链物流基地、国家示范物流园区和5A级物流企业的发展。

三、大力发展循环经济

经济资源是有限的、不可再生的，这是包括岳阳在内的所有地方面临的共同难题。因此，节约资源，合理利用资源，发展循环经济，是未来岳阳经济发展的一条必由之路。循环经济主要是为了提高资源的使用效率，实现经济社会可持续发展以及经济、资源和社会的良性循环。岳阳市实施长江经济带绿色发展示范取得了明显成效，但是由于一直实行粗放型经济，资源消化巨大，环境承载增加，可持续发展意识不强。岳阳未来大力发展循环经济非常必要。发展循环经济，可以提高资源使用效率，降低资源消耗，实现废物利用再处理再回收再利用，在此过程中发展新的产业，优化产业结构，实现经济发展与环境保护二者良性互动。在农业上，优化现有布局，加快种养、农林结合的步伐，加大农村家禽粪便集中处理、集中使用，杜绝向长江及周边沿岸排放，实施绿色农业、高效农业、观光农业，自觉摒弃高投入、高消耗、大资本的工业化发展农业思路，按照循环经济、绿色发展的现代理念，调整岳阳农业经济结构。在工业上，优化存量、提升增量，调整产业结构，通过依法关停、搬迁、改造升级，加快新旧动能转换，严格限制高污染产业。支持发展绿色产业，以己内酰胺产业链整体搬迁为重点，引导沿江沿湖化工企业逐步搬迁入园，破解"化工围江"难题。支持依托长江黄金水道，在长江沿线及其腹地，建设长江百里绿色经济发展走廊。

四、创新和完善绿色发展价格机制

进一步完善污水处理收费政策。探索创新城乡污水处理收费价格机制，鼓励岳阳市先行先试，加快构建覆盖污水处理和污泥处置成本并合理盈利的价格机制，推进污水处理服务费形成市场化，逐步实现城镇污水处理费基本覆盖服务费用。

健全固体废物处理收费机制。全面建立覆盖成本并合理盈利的固体废物处理收费机制，加快建立有利于促进垃圾分类和减量化、资源化、无害化处理的激励约束机制。建立健全城镇生活垃圾处理收费机制。按照补偿成本并合理盈利的原则，制定和调整城镇生活垃圾处理收费标准；将飞灰处理和渗滤液处置成本纳入垃圾焚烧处理成本；建立农村垃圾处理收费制度。在已实行垃圾处理制度的农村地区，建立农村垃圾处理收费制度，综合考虑当地经济发展水平、农户承受能力、垃圾处理成本等因素，合理确定收费标准，促进乡村环境改善。

建立有利于节约用水的价格机制。建立健全补偿成本、合理盈利、激励提升供水质量、促进节约用水的价格形成和动态调整机制，保障供水工程和设施良性运行，促进节水减排和水资源可持续利用。

加大力度推进农业水价综合改革。农业水价综合改革试点地要将农业水价一步或分步提高到运行维护成本水平，有条件的地区提高到完全成本水平，全面实行超定额用水累进加价，并同步建立精准补贴和节水奖励机制。完成农业节水改造的地区，要充分利用节水腾出的空间提高农业水价。新增高效节水灌溉项目区、国家现代农业产业园要率先完成改革任务。完善城镇供水价格形成机制。逐步将居民用水价格调整至不低于成本水平，非居民用水价格调整至补偿成本并合理盈利水平。

五、坚持不懈提高洞庭湖区政府生态治理能力

地方政府生态治理能力决定了生态治理的效果。岳阳市要在绿色发展试点示范完成后，进一步完善生态治理目标，出台政策法规，稳妥提升政府生态治理能力。要依靠法制化手段治理洞庭湖区。科学合理确定治理范围，建议将洞庭湖区及北"四河"、南"四水"列入洞庭湖区生态治理范围，出台洞庭湖区生态治理地方法规，列出排污总量控制和生态红线，研究生态补偿制度，严格执法，严谨守法，当好裁判员，不当运动员，真正履行地方政府在洞庭湖区生态治理的职责。要建立洞庭湖区生态治理联合机制。制定洞庭湖区生态保护规划，出台洞庭湖区生态治理实施办法，主动与洞庭湖区周边地市对接，从子孙后代生养居住出发，抛弃短期利益，摒弃"囚徒困境"理念，树立长远、协同、共享、合作的大观念、大格局，避免互相推诿、互不信任、不作为、乱作为的行为，逐渐形成权责明确、分工合理的洞庭湖区生态治理大格局。

六、着力坚守发展底线

坚持以创建国家长江经济带绿色发展示范区为总揽，持续提高岳阳绿色发展"含金量"，推动经济效益、社会效益、生态效益同步提升。坚持生态优先，守护好一江碧水。强力推进环保督察反馈问题整改，统筹抓好工业园区排污、黑臭水体、矮围网围整治和畜禽水产养殖污染防治、欧美黑杨清退、河湖"清四乱"等工作，巩固提升环保督察成果；严格落实河湖长制，突出抓好长

江、湘江、洞庭湖等大江大湖治理，努力把长江岸线打造成为"最美岸线"，把洞庭湖区打造成为"大美湖区"；切实抓好东洞庭湖国家级自然保护区生态保护与修复、铁山库区水源地保护与民生保障工作，坚决查处非法养殖、非法捕捞、违规建房等行为，守护好生态功能保护区休养生息、万物和谐的自然风光；加强与三峡集团合作，加快污水处理厂提标改造和污水管网建设，扎实抓好城乡污水处理收费改革试点和省级海绵城市创建工作，充分凸显岳阳城水相依、人水相亲的宜居魅力；系统推进大气污染和土壤污染防治，坚决打赢蓝天、碧水、净土三大"保卫战"。坚持绿色发展，转变发展方式。增加绿色生产供给，加强"化工围江"整治，引导化工企业向绿色化工产业园集聚，加强工业园区绿色化循环化改造，严格年耗能1万吨标煤以上重点企业节能审查监管，加快淘汰落后产能，大力发展绿色循环经济；提高资源利用效率，合理确定建设用地开发强度，清理闲置低效用地，推进"腾笼换鸟"；倡导低碳生活方式，大力推广氢能公交和新能源汽车，鼓励低碳建筑、环保建材、节能家电等绿色消费，努力建设节约型社会。坚守生态保护红线、环境质量底线和资源利用上线，是新时代赋予岳阳的重大使命。

第八章　浙江丽水生态产品
价值实现机制试点

2018 年习近平总书记在深入推动长江经济带发展座谈会上专门指出："浙江丽水市多年来坚持走绿色发展道路，坚定不移保护绿水青山这个'金饭碗'，努力把绿水青山蕴含的生态产品价值转化为金山银山，生态环境质量、发展进程指数、农民收入增幅多年位居全省第一，实现了生态文明建设、脱贫攻坚、乡村振兴协同推进。"丽水市牢记习近平总书记嘱托，大力推进新时代丽水高质量绿色发展示范。

第一节　试点示范工作做法

2018 年成为全国首个生态产品价值实现机制试点市。生态产品价值实现机制"丽水样板"入选"改革开放 40 年地方改革创新 40 案例"，相关经验被国务院大督查列为先进典型。成功举办首届生态产品价值实现机制国际研讨会，发布丽水绿色发展白皮书及生态系统生产总值（GEP）、生态资产核算研究报告。瓯江流域上下游横向生态补偿、生态环境损害赔偿、环保"守信激励、失信惩戒"等机制全面推行，完成市级自然资源资产负债表编制。遂昌创成国家生态文明建设示范县，云和成为全国首批环境健康风险管理试点县。

2019 年生态产品价值实现机制国家试点全面启动，写入国家长三角一体化发展规划纲要、浙江省委十四届六次全会决定。创新构建生态产品价值核算、质量标准、市场交易体系，完成全国首个乡级和村级 GEP 核算评估试点，启动省级绿色发展标准化试点，成为全省唯一试行财政奖补挂钩生态产品质量和价值的地市。探索县级政府购买生态产品机制试点，生态强村公司助力乡村振兴起步良好。基于生态信用评价推出"两山贷""生态贷"等金融惠民产品，累计发放贷款 1.26 万笔、12.82 亿元。

2020 年把生态工业确定为高质量绿色发展主攻方向，启动实施生态工业高质量绿色发展倍增行动。GEP 改革为龙头的重大改革稳步推进。出台全国首个山区市 GEP 核算地方标准，初步构建全市域生态价值底图。完成全国首笔公共机构会议碳中和交易，发放全国首笔 GEP 贷，实现"两山银行"县（市、区）全覆盖，各类绿色金融产品余额达 187.47 亿元。建立市级生态产品政府采购和市场交易制度，完成生态产品政府采购 5.92 亿元。推广基于生态信用的生态绿码，城投公司获评 AA+信用等级，全国城市信用监测排名第 13 位。获批中国（丽水）跨境电子商务综合试验区。

总结起来，丽水市推动生态产品价值实现的具体做法是：

一、建立三大机制

一是首创生态产品价值核算评估成果应用机制。包括构建丽水市 GEP 与生态资产核算框架和指标体系；开展丽水市 GEP 的功能量、价值量核算；以森林、草地、湿地等生态系统为对象，核算丽水市各类生态资产指数及生态资产综合指数。2020 年 6 月，率先发布全国首个生态产品价值核算地方标准，在此基础上，研究制定《关于促进 GEP 核算成果应用的实施意见》，推动 GEP 进规划、进决策、进项目、进交易、进监测、进考核。制定《丽水市生态产品价值实现机制试点财政奖补机制实施方案》，建立了与 GEP 总量、GEP 增长等指标相挂钩的财政奖补机制，加快推进生态产品价值实现机制试点建设。此外，探索建立基于 GEP 核算的生态产品政府采购制度和生态产品采购资金保障机制，全市各县（市、区）均出台生态产品政府采购试点暂行办法或政府采购资金管理办法，统筹省财政奖补资金和市、县配套资金，建立"资金池"保障和推进生态产品政府购买。2022 年，全市共完成生态产品政府采购 15.65 亿元。

二是建立瓯江流域上下游横向生态保护补偿机制。以建立"水生态共同体"理念为引领，围绕瓯江流域上下游，积极开展横向生态保护补偿试点，纵向集合莲都、青田、龙泉、云和、缙云、遂昌、松阳、景宁 8 个县（市、区），覆盖市域内 7 个交接断面，上下游联动形成块状合力，对瓯江全流域推行统筹管理。制定《丽水市瓯江流域（市、区）上下游横向生态保护补偿实施方案（2021—2023）》，全市每年安排横向生态补偿资金 3500 万元，按照"谁受益，谁补偿"的原则，根据水质、水量、水效等指标的综合评价确定补偿方向、资金，以补促治推进流域生态环境综合整治。

三是建立多样化的生态产品价值实现机制。协同推进落实《丽水市林业碳汇交易试点实施方案》，推动森林经营碳汇项目方法学研究和碳汇交易实践，累计成交 18 笔，共抵消 2885.2 吨碳排放量。建立饮用水水源地保护财政补偿机制，制定《丽水市级饮用水水源地保护生态补偿管理办法》，截至 2022

年年底，累计安排补偿资金 2370 万元。实施"绿色奖惩"，建立健全生态环境损害赔偿制度体系，先后出台《丽水市生态环境损害赔偿资金管理办法（试行）》《丽水市本级老旧营运车辆提前淘汰补助实施办法》等，安排专项经费支持构建较为完善的排污权交易制度框架，统一市域内的排污权交易政策，截至 2022 年底，累计完成排污权有偿使用和交易 4037 笔，交易金额 2.12 亿元。2019—2022 年，市本级安排生态产品价值实现相关经费 1.83 亿元，加快推进丽水在数字赋能生态增值、"山"系列公共品牌培育、气候产品转化、"GEP 贷""两山贷"绿色金融创新等多方面的生态产品价值实现探索和实践。

二、推进三大创新

一是生态功能区调整创新。围绕"在哪里发展"，制定差别化的区域开发和环境管理政策。实行生态功能区小区化，分为禁止准入区、限制准入区、重点准入区、优化准入区，其中重点准入区、优化准入区占 3.98% 和 0.99%。景宁、庆元等 2 个县列入国家主体功能区试点示范建设；龙泉、遂昌、云和、庆元、景宁等 5 个县列入国家重点生态功能区。

二是农民异地转移创新。围绕"人往哪里去"，以生态核心区、高山远山、地质灾害点为重点，大力推进整村搬迁和小规模自然村撤并，让位于生态，涵养环境。据统计，2000 年至今，全市共搬迁农民约 32.64 万人。2017 年以来，组织开展地质灾害综合治理"大搬快治"，并实现向"大搬快聚"转变，目前完成搬迁除险 25682 人，搬迁安置（安居）14535 人。

三是林权体制改革创新。围绕"钱从哪里来"，致力于解决林业史上盘活森林资源资产和农村信贷史上以林权为抵押物两大难题，率先在全国试行林地经营权流转证制度，将林地承包权和经营权分离；率先在全国试行林地信托贷款制度，林农可通过信托收益权凭证交易提前变现，也可质押融资，变生态资源为金融资产；率先在全国建立林业信息集成（一本图）系统，实现林权、采伐、营造林等 14 个方面 80 项管理内容在"一本图"上集中展现；率先在全国建成省级生态公益林 1278 万亩，试行公益林补偿收益权质押贷款制度。

三、推进三大试点

一是低丘缓坡开发利用试点。2011 年底获批，全市累计投入资金 103 亿元，完成土地征收 5.2 万亩，用地报批 5.2 万亩，场地平整 5.2 万亩。

二是农村金融改革试点。2012 年 3 月获批，试点重点破解"三农"需求大、融资难，城乡差距大、普惠难的问题。积极推进信用户、信用村、信用乡、信用县"四信联建"；推进村级担保组织和资金互助社建设，较好解决了农村产权抵押贷款法律障碍和不良贷款处置难等问题；实现新型农村金融组织县域全覆盖，创建农村金融服务站 2010 家；在全国率先开展农民住房使用权抵押贷款，龙泉、缙云、青田顺利通过全国"两权"（农房、土地经营权）抵押贷款试点中期评估。

三是扶贫改革试点。2013 年 1 月国务院扶贫办在丽水设立扶贫改革试验区，重点在推进搬迁扶贫、产业扶贫、社会扶贫方面试点示范，着重建立精准扶贫的技术规范体系。积极扶持壮大茶叶、食用菌、高效笋竹林等百亿级产业，打响了缙云烧饼师傅、云和师傅、松阳茶师等劳务品牌，实现来料加工在全市 173 个乡镇，2724 个行政村全覆盖；有序推进农村产权制度改革，实行股份化改造，实现村集体经营性资产以户为单位、折股量化到人，发放股权证，实行按股分红，2017 年全市完成土地流转经营权证颁发 1049 本，农村产权公开交易 893 宗。

四、推进三大示范

一是生态文明先行示范。突出两个重点：建立体现生态文明要求的领导干部评价考核体系；探索健全自然资源产权、资产管理和监管体制。组织编制自然资源资产负债表，制定出台《丽水市生态环境损害党政领导干部问责暂行办法（试行）》，在全国率先开始"审山审水审空气"；全市 5 个园区列入省级以上循环化改造示范园区，全面推进园区外工业企业入园三年行动计划，力争实现"园区外无工业，园区内无非生态工业"；试点河权到户改革，目前形成了股份、个人、集体、合作社等多种河道承包模式，截至 2018 年 6 月，全市完成河道承包 243 条；以凤阳山-百山祖为核心，高起点规划建设国家公园。2017 年 8 月，浙江省政府办公厅印发《浙江（丽水）绿色发展综合改革创新区总体方案》，全力建设浙江大花园最美核心区。

二是全域旅游示范。2017 年 2 月列入首批"国家全域旅游示范区"创建单位，把丽水当作一个大景区，促进旅游全区域、全要素、全产业链发展，推动农旅融合，走休闲养生路线，发展民宿、农业观光、农事体验旅游项目，打造有机农产品、民俗演艺精品节目等；全市 12 家国有旅游公司启动旅游景区的资本化、旅游公司的实体化、旅游资产的证券化"三化"改革；2014 年以来，以政府所有、协会注册、国资公司运营模式创立"丽水山耕"公用品牌，制定了严格的溯源、检测、宣传、文创等服务流程，在 8 大城市建立了 230 余家"丽水山耕"产品销售体验点。

三是农村电子商务先行示范。坚持电商化营销模式，首创乡镇级农村电商服务中心"赶街"模式，实现"消费品下乡"和"农产品进城"，让农村居民在村内实现购物、售物、缴费等一站式办理。赶街模式已经覆盖全国 17 个省、42 个县，建设超过 8200 个赶街村级电商服务站，实现移动端服务站点逾半数覆盖。全市已建成 20 个"中国淘宝村"，7 个县（市）入选"全国电商百佳县"，数量居全国第一。

五、发挥三大功能

一是充分发挥生态产品供给功能。依托生态环境、气候条件、山区资源等天然优势，充分发挥生态系统供给功能，积极探索资源资产化的生态产品价值实现机制，推动"林权改革""河权到户"等首创性改革，实现从"卖柿子到卖风景"的转变。

二是充分发挥生态系统调节服务功能。以生态核心区、高山远山、地质灾害点为重点，连续实施两轮"十万农民异地搬迁规划"，让位于生态。着力将绿色循环理念植入发展进程，利用清新的空气、洁净的水源、宜人的气候等天然优势，吸引环境适宜性企业落户发展。通过生态+、品牌+、互联网+，深化全域旅游，做精"丽水山居"，做大"丽水山耕"，做强"丽水赶街"。

三是充分发挥生态系统文化服务功能。依托各县（市、区）独特的历史文化遗存，形成独具特色、各领风骚的优势项目，包括龙泉青瓷和宝剑、青田石雕、云和木玩与梯田等。通过农旅融合、城旅融合、文旅融合等理念，将丽水全域作为一个大花园，全力打造"慢生活、漫享受、寻乡愁"的世界一流生态旅游目的地。

六、打造三大体系

（一）打造"绿水青山"增值体系

积极推进生态资产保值增值。全市 95.8% 的区域列为限制工业进入的生态保护区，其中生态红线区占比达 31.9%。制定了涵盖一二三产的产业准入负面清单，按照"园区外无工业，园区内无非生态工业"的理念推进"腾笼换鸟"。编制绿色发展指标体系，建立领导干部生态环境损害责任追究实施细则，全面了开展乡镇（街道）主要领导干部自然资源资产责任审计试点。

深化集体林权体制改革。率先在全国试行林地经营权流转制度、林地信托贷款制度和公益林补偿收益权质押贷款制度，率先在全国建立林业信息集成系统；试点"河权到户"改革，将河道管理权和经营权分段或分区域承包给农户，形成股份、个人、集体、合作社等多种河道承包模式，推动河道环境治理和经营增收"双丰收"。

（二）打造生态制度供给体系

环境质量引领生态标杆。推进国家生态文明先行示范区建设，出台《丽水市生态环境损害党政领导干部问责暂行办法（试行）》，组织编制自然资源资产负债表，建立领导干部生态评价考核体系，在全国率先开展"审山审水审空气"。

资源科学利用试行有益探索。坚持开发与保护两手抓，科学统筹资源集约利用，真正实现了"该保护的严格保护好、该开发的科学开发好"。以全国低丘缓坡开发利用试点为契机，出台《关于建立土地管理共同责任机制的意见》《关于保障低丘缓坡综合开发利用试点工作的意见》《关于加强全市低丘缓坡综合开发利用试点工作监督检查的实施意见》等政策，均在全国具有创新意义。

（三）创新生态服务互惠体系

生态移民加快山区农民脱贫致富。以扶贫改革试验区为依托，以生态核心区、高山远山、地质灾害点为重点，大力推进整村搬迁和小规模自然村撤并，大批山区农民搬迁至基础设施较好、产业相对发达的中心村、中心镇和县城，促进了农村人口集聚和城镇化发展。

丽水市以大花园建设为引领，坚持标准更高，对标国家《绿色发展指标体系》梳理16项核心指标，对标瑞士等世界标杆制定完善传统文化村落标准、美丽乡村标准、绿道古道游步道骑行道建设标准、"丽水山耕"品牌等标准体系，率先成为生态产品的标准制定者和价值评估者；坚持管控更严，实施"源头严控、过程严管、恶果严惩"，构建科学有效、梯次差异的自然资产离任审计制度，建立党政领导干部生态文明评价考核体系；坚持机制更活，以"最多跑一次"改革撬动体制机制完善，进一步完善绿色发展评价体系，深入推进林业改造碳汇工程、碳减排指标有偿使用与交易、林权抵押贷款和"两权"抵押贷款提质增量，持续探索完善生态补偿机制，推进生态价值实现机制成为浙江试点中的国家样本。

第二节　试点示范工作成效

生态产品价值,可以定义为区域的生态系统为人类提供的最终产品与服务价值的总和。系列特色改革推动丽水在生态产品价值实现的核算、调节、服务及文化、制度政策设计等方面先行探索,取得了一定成效。

一、体现"绿水青山"价值

"叶子变票子、水流变资金流"。据 2022 年年初《丽水日报》报道,丽水林权、土地流转经营权、农村房屋产权为主体的"三权"抵押贷款余额达134.9 亿元,占全市涉农贷款总量的 8.6%。其中,林权抵押贷款占全国总量的 9%。① 2020 年到 2022 年,据丽水市最主要的林权抵押贷款发放银行(农商银行)统计,全市新发林权抵押贷款 36.27 亿元,贷款余额 35.72 亿元,位列全国各地市第一。

二、增厚"绿水青山"底色

连续多年丽水生态环境状况指数全省第一,生态环境质量公众满意度全省第一,生态文明总指数全省第一。境内水质达标率 98%,饮用水合格率100%,水环境质量全省第一。全市环境空气质量指数优良率全省第一,各县(市、区)空气质量均达到国家二级标准。

2022 年丽水市林业总产值 541.9 亿元,同比增长 6.7%,第一、二、三产业比重为 22∶37∶41。钱江源-百山祖国家公园成为全国 49 个国家公园布局之一。2023 年丽水市入选林业改革发展推动林区共同富裕市试点,系全国唯一。

三、助力"两山"转换

打通"两山"转换渠道,助力地方经济发展。丽水市政府与中林集团签订战略合作协议,共同推动林业产业精深迭代,形成高效笋竹、木本粮油、珍贵树种和大径材三大百万主导产业,发展青田油茶、云和木玩以及龙泉、庆元、遂昌竹木加工等特色产业集群,培育规上企业 164 家、龙头企业 39 家,

---

① 阮春生,吴沁沁. 丽水农村"金改"十年:点绿成金　赋能共富 [EB/OL]. 丽水网,2022-01-13.

2022 年实现规上产值 185.1 亿元。建成一批以林药、林菌、林粮、林养为主的林下产业基地，创成省级以上林下经济示范基地 14 个，其中国家级 4 个。挖掘一系列高能级的森林旅游、森林康养资源，获得国家森林城市、中国森林旅游示范城市、中国优秀生态旅游城市等殊荣。

创新林业碳汇发展模式。发挥丽水森林碳汇储备优势，加快林业碳汇发展，成立全国首家森林碳汇管理局，出台市级森林碳汇行动方案，搭建市县联动林业碳汇工作机制，建立全省首个林业碳汇交易平台，实现省级林业碳汇类试点全覆盖，逐步完成林业碳汇交易体系建设，获批全国唯一探索林业碳汇市场化交易的试点市。

第三节　加强试点示范的建议

绿色青山就是金山银山的丽水实践，经过绿色示范试点，在全国具有示范和引领作用。未来，丽水市将担负起习近平生态文明思想的理论总结和实践创新重任，努力走出一条政府主导、社会参与、市场运作、协调发展的生态产品价值实现新路子，力争在绿色产品的供给、生态价值标准的制定、生态价值的评估、绿色金融的创建等方面，为生态产品价值实现提供更为丰富的"丽水模式"。

一、以习近平生态文明思想为指导，深化对生态产品价值实现的认识

生态产品价值实现的绿色示范试点，往往局限在市场交易、生态补偿、资源评估这几个环节，在实际工作中视野不够开阔，思路不够清晰，实践经验难以在更多地方复制推广，产生这些问题的一个根本原因，就是学习领会习近平生态文明思想不够深入、不够扎实、不能触类旁通。我们认为，习近平生态文明思想是指导生态产品价值实现的根本指针，是解决生态产品价值实现具体困难的一把"金钥匙"。深刻理解习近平生态文明思想，应该建立在这几个维度上：

一是人类命运共同体的维度。生态问题说到底不是一个地方、一个产业的问题，而是全球人类面临的共同问题，需要我们每个人认真对待、与我们休戚相关、命运与共、绝不是可大可小、可有可无的事情。

二是中国式现代化道路维度。我们从事的一切工作，都可以归结为建设中国式现代化道路。生态产品价值实现，就是实实在在地建设中国式现代化道路，我们既要从我们的国情、区情出发，也要为中国式现代化道路添砖加瓦，

不能走那种先污染后治理、边污染边治理的西方现代化道路。

三是美丽中国维度。美丽中国，就是要环境美、心情美、行为美，要让美在中华大地处处可见、生根发芽。面对前几十年的生态欠账，美丽中国就要啃硬骨头，四两拨千斤。现在从事的生态产品价值实现就可以起到这样的效果。从试点做起，从局部实施，持之以恒，就可以润物细无声，慢慢渗透，真正发挥引领示范作用，让那些认为生态保护事业是费力不讨好的、是赔钱赚吆喝的错误想法，在事实面前站不住脚。只有这样，美丽中国在中华大地上才会越来越有吸引力。

四是可持续发展的维度。推进生态产品价值实现，本身就是一件绿色发展、造福后代、可持续的伟大事业。不能把这种伟大事业，做成急功近利、不可持续的事情。所谓可持续，就是时间上可持续，让生态产品价值实现可以长期运转，不能仅仅存在于试点示范阶段，存在于试点示范地域，应该让丽水的做法在全域铺开，应该让丽水的经验模式具有普适性；所谓可持续，就是生态产品的供给、需求、附加环节、监测体系、政府监管都能顺畅运转，细水长流，而不能断断续续。要达到这样的效果，就必须从生态产品本身规律出发，兼顾各方利益。

二、推动生态治理高位提质

以"无废城市""污水零直排区"建设为抓手加快补齐环境基础设施短板，力争60%的县（市、区）达到"无废城市"标准，与浙江全省同步成为全国生活垃圾治理先行区，龙泉、缙云创成全域"污水零直排区"，完成全市污水处理厂清洁排放改造。加快实施瓯江源头区域山水林田湖草沙一体化保护和修复工程，着力打造瓯江幸福河样板。实施全域禁渔制度。系统抓好全域禁止河道采砂、秸秆焚烧、明火上山、许可范围外燃放烟花爆竹及松材线虫病防治，实现废弃矿山生态修复任务"清零"。深入推进清新空气行动，确保市区PM2.5平均浓度低于22微克每立方米，空气质量优良天数比例在97%以上。巩固拓展应用环境健康风险管理、地下水污染防治、气候适应型城市建设等国家级试点成果，努力形成可示范、可复制、可推广的试点经验。

按照"国家公园就是尊重自然"理念抓保护。迭代建设百山祖国家公园数字化"一张图"，建设国家级生物多样性综合观测站，启动申报世界生物圈保护区，整体保护国家公园重要生态区域。实体化运营百山祖国家公园发展公司，制定实施国家公园整体风貌控制及重点区域设计建设导则、国家公园园区及周边特色村落提升专项规划。创成大花园典型示范县1个以上，建设美丽林相 65 万亩，全面提升生态系统碳汇。

推进绿色低碳循环发展。把碳达峰碳中和作为转变发展方式、增强竞争优势的重要契机，坚持降碳、减污、扩绿、增长协同推进，防止"两高"项目盲目发展。建立能源平衡表工作体系，先立后破推进能源低碳转型，防止"一刀切"、运动式"减碳"，引育更多"含绿量"产业项目。加快零碳低碳技术招引、研发和推广应用，组织实施重点节能减碳技改项目，推进整县屋顶分布式光伏开发试点项目。建设市本级、缙云、青田、龙泉、遂昌等省级资源循环利用示范城市（基地）。

三、打造新时代生态文明建设典范

在建设美丽生态、打造万物和谐的自然花园上下功夫，力争水、气质量排名稳定在全国前 10，确保生态环境状况指数保持全省首位。建设百山祖国家公园保护发展带、华东生物种质资源基地，构建林分结构合理、多样性丰富的生态系统，确保瓯江、钱塘江等水系源头地区维持原生态，水土保持率在93.5%以上。建成全域污水零直排区、全域无废城市。在升级美丽城乡、打造宜居宜业的品质花园上下功夫，精致建设新时代山水花园城市，精品打造新时代花园乡村，精心规划大花园美丽景观。市区创成 5A 级景区城，实现大花园示范县全覆盖。匠心打造丽水山居图，开展十带风情、百镇景区、千村花园示范创建，重点培育大花园、耀眼明珠 20 个以上，创成省级未来乡村 80 个以上，统筹抓好增花添彩三年行动及美丽林相、美丽河湖、美丽田园全域建设。在培育美丽经济、打造绿色发展的活力花园上下功夫，争创国家级生态资产和生态产品交易中心，创建中国碳中和先行区、全国生态环境健康管理创新区。培育一批农业现代化示范区和千万级核心大景区，布局一批高品质步行街、时尚网红打卡地、夜间经济地标区和特色消费集聚区。积极打造具有引爆效应的旗舰型旅游项目。着力把水经济培育成为新的经济增长点，以再造富民强市支柱产业为目标振兴林业产业。创成国际绿色水电示范区，持续推进抽水蓄能项目，打造能源生态产品价值实现示范城市。

四、推动生态产业平台与科创开放平台互促共进

实施平台提质"双十"行动，集中优势要素、优势资源赋能产业发展。持续落实"整合、转型、赋能、开放、改制"十字方针，深入推进十大生态产业平台"二次创业"行动。着眼培育"千亿级规模、百亿级税收"高能级产业主平台，组织开展市级部门专项对接服务活动，强力助推丽水开发区加快

向全国50强迈进。加大旗帜性产业项目招商力度，强"芯"延"链"培育青田、缙云、遂昌等500亿级产业平台。统筹打好布局优化、空间拓展、产业引育、腾笼换鸟组合拳，加快实现百亿平台县（市、区）全覆盖。实施十大科创开放平台提能升级行动。加快打造浙西南科创中心，完成产业园主体工程建设，力争实现国家级众创空间零突破。争取丽水高新区纳入国家高新区创建名单。着力推动上海张江生物医药科创飞地项目在丽实现产业化，推动杭州数字经济科创飞地视觉 AI、新能源智慧出行产业链加快成型，推动宁波智造科创飞地起好步。统筹抓好杭电丽水研究院、中国药科大学中医药科创发展中心、浙大萧龙科创中心等创新平台建设。推动浙江（青田）华侨经济文化合作试验区结出更多硕果，抢抓金丽温开放大通道建设机遇，谋项目、畅通道、兴产业、促发展。

第九章 江西抚州生态产品
价值实现机制试点

近年来，抚州市深入学习贯彻习近平生态文明思想和习近平总书记视察江西重要讲话精神，切实担当起国家生态产品价值实现机制试点的重大使命，积极探索、主动作为，筑牢绿色屏障、壮大绿色经济、创新绿色制度、繁荣绿色文化，先后获批全国林业改革发展综合试点市、国家级全域森林康养试点建设市、"十四五"时期"无废城市"建设市，古村落确权抵押利用、碳普惠制度等经验做法在全国推广。

第一节 试点示范做法

2019 年 9 月，国家推动长江经济带发展领导小组办公室正式批复抚州市为国家生态产品价值实现机制试点市之一。抚州市确立了"大力实施生态兴市战略，建设全国国家生态产品价值实现机制创新中心"的奋斗目标，聚焦问题导向，强力推动国家生态产品价值实现机制试点走深走实。抚州在聚焦解决"权证怎么办""资产怎么算""价格怎么定""平台怎么建""风险怎么防""观念怎么转"等问题，以及打通"两山"转化通道等方面进行了探索和实践。试点示范以生态产品价值实现机制试点为契机，以机制体制改革创新为核心，积极探索"绿水青山"向"金山银山"转化之路，在破解生态产品确权、核算、评估、交易等方面积极探索，在绿色金融创新、价值转换路径、制度支撑体系构建、绿色生活环境营造等方面主动作为，走出一条政府主导、企业和社会参与、市场化运作、可持续的生态产品价值实现路径，为打造美丽中国"江西样板"贡献抚州智慧。

一、试点示范工作扎实推进

着力擦亮高质量发展的生态底色。2018 年大力实施生态环境工程。抚河流域生态保护与综合治理一期工程基本完工，二期加快推进，抚河沿岸打造的

36 个生态村镇示范点基本建成。廖坊水利枢纽灌区二期主体工程基本完成,新增灌溉面积 33 万亩,廖坊国家湿地公园建设加快推进。市中心城区垃圾焚烧发电厂一期竣工投运,二期加快推进,南丰、崇仁两个区域性垃圾焚烧发电厂项目进展顺利。临川温泉景区建设加快推进,科技金融小镇、温泉度假小镇粗具雏形,三翁戏剧小镇基础设施基本建成。积极探索绿色制度创新。国土空间规划分类考核、全市域水资源生态补偿、全市域封山育林、领导干部生态和自然资源资产离任审计等制度顺利实施;完成了全市生态资源价值核算;推进了生态公安、生态法庭、生态公诉机关、生态律师服务团队、生态司法等制度试点;生态产品价值实现机制争取国家试点取得积极进展。全国流域水环境综合治理与可持续发展试点工作交流现场会在抚州市召开。抚州市生态文明建设经验在"生态文明贵阳国际论坛"和美国斯坦福大学国际研讨会上推介,受到中外专家和媒体广泛关注。狠抓突出环境问题治理。以中央环保督察"回头看"和省环保督察问题整改为契机,推动解决了一批群众反映强烈的突出环境问题。市建成区燃放烟花爆竹从禁限转入禁止,进入网格化常态管理,东乡北港河流域综合治理工程顺利通过省消灭劣 V 类水验收,河长制工作纵深推进,河道采砂专项整治取得明显的阶段性成果。饮用水水源水质全部达到或优于Ⅲ类,达标率 100%,市中心城区 PM2.5 浓度均值 37 微克每立方米,空气质量继续保持全省前列。

加快打造美丽江西"抚州样板"。2019 年全力打好污染防治攻坚战。全市 PM2.5 平均浓度 33 微克每立方米,空气质量保持国家二级标准,国家、省级考核断面水质优良率和城市集中式生活饮用水源地水质达标率均为 100%,河(湖)长制、林长制工作考核双双跃居全省第一,乐安县被评为全国绿化模范县。探索创新生态文明建设机制。全省唯一的生态文明先行示范市建设取得重要阶段性成果,53 项指标已有 51 项提前完成。流域水环境综合治理与可持续发展国家试点有序推进。获批长江经济带生态产品价值实现机制国家试点。创新推出畜禽智能洁养贷、河道采砂权抵押贷、古屋贷、环境污染责任险等生态专属金融产品。2019 年全国发展改革系统生态文明试验区建设现场会在抚州市召开。全面推行绿色生活方式。持续推广"绿宝"碳普惠制,深入推进"文明餐桌"行动,大力开展绿色创建活动,探索开展生活垃圾"零废弃"管理和分类处理试点,大力推行机关无纸化办公、节能运行管理和政府绿色采购。

2020 年,抚州着力抓试点、做示范、出成效,生态文明建设亮点纷呈。生态文明先行示范市加快建设。生态文明制度框架全面确立,四大体系近 20

项制度基本形成。古村落确权抵押利用机制、"碳普惠"制度、畜禽智能洁养贷、"信用+"经营权贷款机制 4 项改革举措入选国家推广清单。宜黄县获评国家生态文明建设示范县，以生态综合执法为抓手实施河长制成为全国典型案例。资溪县入选国家生态综合补偿试点县。生态产品价值实现机制国家试点顺利推进。建立生态产品价值定期核算与发布制度。健全完善绿色金融服务体系，设立全省首个"两山银行"和首家市级普惠金融服务中心，组建 1 家绿色保险产品创新实验室，成立 6 家生态支行和 7 家生态金融事业部，推进"两权"抵押贷款试点。全市生态产品抵押、质押贷款余额 253.48 亿元、增长 222.7%，其中，累计新增"两权"抵押贷款 118.25 亿元。在金溪试行古村落传统建筑收储托管试点，持续推进古村落保护和活化利用，成为全国仅 10 个的国家传统村落集中连片保护利用示范市，获得财政部、住建部 1.5 亿元专项资金奖励。加快推进远期林业碳汇交易，出台《抚州市远期林业碳汇权益资产备案登记暂行办法》，促成 5 亿美元规模的东樾绿碳美元基金落户，10 个林业碳汇项目正在深圳排放权交易所申请核准备案和挂牌上市。流域水环境综合治理与可持续发展国家试点深入推进。抚河流域生态保护与综合治理工程累计完成投资 81.38 亿元，占总投资的 72.64%。南城、宜黄等抚河流域重点水域禁捕退捕任务全面完成。乐安县水系连通及农村水系综合整治试点县获得国家批复并实施。宜黄县推进"以河养河"长效管护机制试点，颁发全省首张河道经营权证。临川、东乡、南丰、乐安、宜黄等县（区）成为全国节水型社会建设达标县（区）。

2023 年，抚州市政府办公室印发了《抚州市生态产品质量认证结果采信试点实施方案》和《抚州市生态产品质量认证结果采信管理办法》（以下分别简称《实施方案》和《管理办法》）。《实施方案》明确了开展工作的指导思想，量化了 2025 年前要实现的目标，部署了构建生态产品质量认证结果采信体系、搭建生态产品质量认证信息化管理平台等 10 项重点任务，从加强组织领导、突出示范引领、严格品牌保护、营造社会氛围四个方面提供保障和支持。《管理办法》分总则、职责分工、采信的实施、采信结果的应用、信息公开、社会监督、附则等七章，是开展生态产品质量认证结果采信试点工作的操作指南。抚州市此次施行的生态产品质量认证结果采信机制属于全国首创，从顶层设计、信息平台、资源整合等方面拓展生态产品价值实现路径，有效破解了生态产品交易难、变现难的问题，为下一步建立全国首个认证采信平台——抚州市生态产品信息平台夯实了基础，为形成可复制、可推广的生态产品价值实现创造了更多"抚州经验"。

二、大胆创新，体制机制先行先试

《抚州市自然资源统一确权登记工作方案》《抚州市生态资产交易管理办法（试行）》《抚州市碳普惠公共服务（绿宝）平台运营推广工作方案》等每一项政策和制度措施都非常具体、可操作。抚州市为探索可持续性生态产品价值实现路径，注重在体制机制上大胆创新、先行先试，创下了多个全国、全省第一，是全国首个将生态产品价值实现机制纳入政府规章的城市，在全国率先出台《抚州市生态文明行为促进条例》《抚州市生态文明建设促进办法》，在全省首次推出《生态环境资源审判工作暂行规定》。这些政策和制度的出台并不容易，有的找不到上级文件，有的和现行制度存在一定矛盾，只能摸着石头过河。

高位推动，确保全市试点工作稳步推进。抚州市成立了抚州市生态产品价值实现机制试点工作领导小组，由市委、市政府主要领导任组长。根据试点方案的总体要求，明确了阶段性重点任务，制订了实施方案，并按照"项目化、时间表、责任人"的工作要求，挂图作战，压茬推进。市委、市政府主要领导和分管领导每两月组织召开一次生态产品价值实现机制工作调度会，每季度组织召开一次生态产品价值实现机制专家研讨会、一次金融对接会。

抚州市组建了试点工作专班，建立了每月一调度、每季一小结、年底大考核的协调调度机制。县（区）参照此工作模式，成立了相应的工作机构，建立了相应的推进机制；市（县）各单位、各金融机构注重密切与上级部门的沟通联系，争取上级政策支持、业务指导，形成了齐抓共管、合力共为的工作格局。

严格考核促动，在全省率先实施国土空间规划分类考核。将县（区）分成重点开发区域和生态功能区域，突出生态产品价值实现机制试点考核目标完成情况这一"指挥棒"，引导各地从实际出发，积极探索"两山"双向转化通道，探索出一条经济发展与生态文明水平提高相辅相成、相得益彰的新路子。

三、善于作为，探索"两山"转化路径

抚州市在破解生态产品确权、核算、评估、交易等方面积极探索，着力在"变"字上做文章，下大力气将生态资源变生态资产、生态资产变生态资本、生态资本变生态资金。

价值核算是生态产品价值实现的基础。抚州市积极探索构建生态产品价值核算体系，解决"资产怎么算"的问题。抚州市在全省率先启动自然资源资

产负债表编制,对全市土地、林木和水资源资产实物量账户进行统计,核算了自然资源资产的家底及其变动情况。同时,积极与中科院生态环境研究中心开展合作,将生态产品分为生态物质产品、调节服务产品、文化服务产品三大类及 12 个核算指标、22 个核算科目,科学核算出全市 2019 年的生态产品价值为 3907.35 亿元(按当年价格计算),是当年 GDP 的 2.59 倍。在此基础上,由抚州市牵头制定的《生态系统生态产品价值评估与核算技术规范》江西省地方标准正式发布。

为夯实生态资源变生态资产基础,抚州市认真开展生态资产和生态产品确权工作,解决"权证怎么办"的问题。从建立健全生态资产的确权、核算、评估、交易体制机制方面进行创新,将农地、林地、古屋古建所有权、承包权、经营权中的经营权单独剥离出来,颁发了果园证、茶园证、香精香料证、古屋古建证等经营权证。

此外,探索建立生态资产和生态产品评估体系,解决"评估价格怎么定"的问题。制定了土地承包经营权抵押贷款价值评估参考价体系,为金融机构评估提供了政策指引,并组建具有生态资源资产评估咨询资质的评估机构和专家库。建立了生态资产和生态产品交易机制,解决"资产怎么交易"的问题。

四、咬定目标,强化生态产品供给

借助国家生态产品价值实现机制试点的契机,抚州市以体制机制改革创新为切入点,以产业化利用、价值化补偿、市场化交易为重点,不断提供更多优质生态产品,并加快打通"绿水青山"向"金山银山"转化的通道,努力将生态优势转化为发展优势,推动抚州经济社会发展全面绿色转型,为推进具有中国特色的生态文明建设提供了"抚州经验"。到 2025 年,生态产品的核算评估与交易制度、绿色金融支撑制度、生态保护补偿与考核制度建立健全,政府主导、企业和社会各界参与、市场化运作、可持续的生态产品价值实现路径不断拓宽,生态优势转化为经济优势的能力明显增强,全市生态产品权益类贷款余额在 500 亿元以上,生态系统生产总值(GEP)超过 5000 亿元,生态产品价值实现率在 25% 以上,成为全国优质生态产品供给区、全国践行"两山"理论先行区、全国高水平生态文明建设和高质量绿色发展的重要"窗口"。

紧扣"让保护者受益"的原则,在全国率先实行全市域的封山育林,积极探索森林、水资源、湿地、耕地补偿机制,真正做到让保护者受益。近年来,市本级每年拿出 2000 万元对封山育林工作进行考核补偿。建立健全水资源横向生态补偿体系,以水质保护为核心,将全市主要河流出入境断面水质作为考核对象，根据水质变化进行补偿。

构建了生态司法保障体系，在全省率先组建生态公安、生态公诉、生态律师服务团队、生态综合执法大队，在全省首创生态 110、生态检察室、生态法庭、生态纪检室，与生态行政执法共同构成"五位一体"联动格局。此外，打造了环境质量预报预警网络生态治理数据化"生态云"平台，接入 28 个空气监测站、58 个河道监测站、165 个水库监测站、29 个水质监测站、932 个雨情监测站（点）和 26 个企业污染源监测站（点）的监测数据，形成了布局合理、功能完善、统一高效的市环境质量预报预警网络体系。

大力实施抚河流域综合治理工程，保护性修复了全市 90% 的河道两岸的自然生态，如水库退养、农业面源污染的管控、矿山修复、农村环境整治等，筑牢了生态绿色屏障，让抚州的山更绿、水更清、天更蓝。

五、构建生态产品价值实现四项机制

抚州市积极践行"两山"理念，以推进国家生态产品价值实现机制试点和全省生态文明先行示范为契机，着力构建生态产品价值实现机制，推动生态产品价值实现多元化，走出一条生态保护与经济发展协调共进、相得益彰的新路。

（一）构建核算评估机制

在全省率先启动自然资源资产负债表编制，对土地、林木和水资源资产实物量账户进行统计，初步形成一套政府部门、金融机构或市场认可的生态资产与生态产品的评估、核算指标体系和技术规范。

推进生态资产和生态产品确权登记。针对农地、林地整合难度大，权属证明要素不清晰等问题，稳步推进确权登记，促进"三权"分置，完善流转机制，目前全市承包土地经营权面积 437.1 万亩，颁证率达 98.7%，流转面积231.52 万亩，流转率达 53%。办理林权类不动产登记及权证、抵押证明 4247件，涉及面积 81.2 万亩。

创建生态产品价值核算标准。与中科院生态环境研究中心共同编制《抚州市生态产品价值评估与核算方法》，按当年价格计算初步核算出抚州市的生态产品价值。同时，中科院生态环境研究中心在抚州等地实践的基础上，正着手制定国家核算标准，为探索经济发展质量和生态产品价值"双考核"提供有力支撑。

建立生态资产和生态产品评估体系。农地方面，结合全市 157 个乡（镇）

主要农作物、经济作物上一年收益价格或流转价格，制定了土地承包经营权抵押贷款价值评估参考价体系，为金融机构评估提供了政策指引，解决农地价格怎么定的问题。林地方面，结合林场远近、立地条件、林木种类、规格等因素，建立林权评估基准价制度。探索建立第三方评估体系，组建具有生态资源资产评估咨询资质的评估机构和专家库，解决森林资源评估价格虚假、林权抵押不良贷款率偏高的问题。

创新生态资产和生态产品交易制度。2021年12月在全国率先制定市域生态资产交易管理办法，升级改造抚州市生态资产交易系统，开设275个市县乡三级账号并接入"赣服通"和江西省公共资源交易网，市、县（区）设置生态资产交易大厅，乡镇明确服务窗口，引导各方参与交易。2021年，全市生态资产交易平台完成交易63.79亿元。

（二）构建开发转化机制

加快推进"生态经济化、经济生态化"，努力变生态要素为生产要素、变生态价值为经济价值、变生态优势为发展优势。

利用良好生态提升农产品价值。持续提升环境质量，大力发展绿色有机农产品，涌现出临川态何源生态养殖、乐安绿能农业、东乡润邦田园综合体等一批现代农业发展模式。农产品品牌价值全面提升，南丰蜜橘和广昌白莲品牌价值分别达到50.42亿元和48.6亿元。

利用生态品牌促进生态溢价。通过打造田园综合体示范，发展智慧农业、循环农业、订单农业、生态农产品认证等模式，优化产业结构，推动农业发展转型升级。打造"赣抚农品"农产品区域公用品牌，并优先授权给优质、绿色、生态农企。南丰蜜橘荣登2021年中国品牌价值评价榜"中国地理标志产品百强"。

利用生态文化优势拓展生态旅游。发挥独特的生态、文化优势，擦亮抚州文化特别是汤显祖戏剧文化品牌，推动生态与文化、旅游深度融合，让好山好水得到快速"变现"。先后获批国家历史文化名城、国家卫生城市、国家园林城市、国家森林城市，并先后获得"文化竞争力十佳城市""国家旅游最佳全域旅游目的地""投资环境质量十佳城市""世界一流品牌城市共建城市""最美文化旅游城市"等荣誉称号。

利用生态资产助推资本运作。大力挖掘生态资产蕴含的金融功能和属性。资溪大觉山景区借助独特的生态旅游资源，采用门票、索道、游览车和漂流四项收入质押和不动产权证的资产抵押，探索"特定资产收费权支持贷款"信贷模式。乐安金竹畲族乡以山林资源入股,与社会资本合作开发生态旅游,享有景区门票收入30%的分红,几年来,全乡贫困群众累计从"绿水青山"分享到108万元的"旅游扶贫蛋糕"。

利用林业碳汇交易探索生态价值实现新模式。2021年10月,市农发投公司以100万元成交价格开发收储黎川县樟村生态林场的远期林业碳汇权益资产项目,标志着以林业碳汇交易实现了生态产品价值的一次崭新实践。

利用低碳生活助力碳达峰碳中和。率先上线碳普惠公共服务(绿宝)平台并在全省推广,推出绿色出行、低碳生活、社会公益、绿色消费等四大类十余项低碳应用场景,注册会员每一次低碳生活行为数据都会被记录并给予相应"碳币","碳币"数既代表个人为节能减排所做的贡献,还可以转化成优惠券或在购买绿色产品时进行抵扣,实现绿色生活的物质转化。截至2021年年底,"绿宝"吸引全省68.9万人次进行实名认证,联盟商家达600余家,"碳币"积蓄量2.03亿个,实现减排近4.12万吨。

(三) 构建金融创新机制

加大对绿色经济、循环经济和低碳经济等重要领域的信贷支持,加强对绿色金融的探索和推动力度,促进节能减排、清洁能源、环境保护和资源协调发展。

组建生态金融专属分支机构。成立13家生态金融事业部(生态支行),组建抚州绿色保险产品创新实验室。目前全市新开发绿色信贷产品20余种,商业性农业保险承保数量达413件,提供了1.79亿元的风险保障,惠及农户1950户。建立健全绿色项目库,引导绿色项目入库233个,投资总额988.5亿元,融资总需求545.7亿元,金融机构与45个项目进行对接,对接金额达85亿元。

开展生态资源收益权质押贷款。加快推进绿色信贷产品创新,出台《抚州市生态信贷通融资试行方案》。资溪农商银行为解决林农和林企名下大量公益林和天然商品林无法抵押变现问题,成功发放全省首单公益林收益权质押贷款447万元。金溪县针对古建筑产权企业、古村落开发保护企业或个人,创新推出"古村落金融贷",已获银行授信10.15亿元。南城县探索提供河道清淤疏浚沙石收益质押贷款5.3亿元,用于廖坊水库库汊拆除后的复绿与灌溉、金山口老旧工业园区污水处理等11个生态修复和环境治理项目建设。2021年,全市生态产品类贷款余额达374.58亿元。

推动绿色信贷产品创新。鼓励各银行业金融机构针对生态保护地区,建立符合绿色企业和项目融资特点的绿色信贷服务体系。制定《中国农业银行抚州分行"赣合贷"业务管理办法》，为农民专业合作社发放贷款金额 3755 万元。创新推出"畜禽智能洁养贷"贷款模式，完成 30 家企业的贷款审批，发放 6460 万元贷款。出台《抚州市"信用+多种经营权抵押贷款"推进生态产品价值实现实施方案》，依托市公共信用平台，推进林农快贷、云电贷、云税贷等纯信用贷款产品，为小微企业、个体工商户、农户、农村经济组织发放信用贷款 16 亿元。

（四）构建保障保护机制

坚持节约优先、保护优先，注重从末端治理转向源头预防、从局部治理转向全过程控制，用最严格的制度、最严密的法治来守护绿水青山、保障绿色发展。

建立金融风险分担缓释制度。制定生态产品价值实现"两权"抵押贷款风险补偿金实施方案，出台农业商业性补充保险扶持方案，建立健全农户信用档案，设立生态担保基金，为生态产品生产加工企业提供融资担保，进一步完善农户（合作社、公司）、银行机构、保险机构、期货市场及政府的风险分担和缓释体系，提升应对灾害风险和抵御市场风险能力。

落实生态保护治理制度。出台生态环境保护责任清单，建立生态环境突出问题整改台账，实行清单管理，严格抓好落实，确保生态保护红线面积不减、功能不降。扎实推进"河长制""林长制"改革，全面开展工业污染防治综合治理、水污染治理能力提升、饮用水水源地保护等 10 大行动，大力实施减煤、控烧、禁燃、降尘、禁渔等有效措施，积极开展全域治理、全域保护。建立生态环境联合执法机制，设立生态巡回法庭、生态检察室，按照"谁开发谁保护、谁破坏谁治理"的原则，依法打击盗猎野生动物、盗伐林木等行为，责令当事人落实生态保护和生态恢复治理责任。

严格生态环境考核制度。以领导干部离任生态审计为重点，全面开展领导干部任职期间履行自然资源资产管理和生态环境保护责任审计。建立全市域 GEP 精算平台和统计报表制度，将 GEP 总量变化情况纳入高质量发展考核体系，重点考核生态产品供给、生态环境质量提升、生态功能保护成效等，倒逼各地各部门落实生态环境保护治理职责。

第二节　试点示范成效

近年来，抚州市在绿水青山中孜孜求索，把生态优势、资源优势转化为经济优势、产业优势，切实担当起国家生态产品价值实现机制试点市的重大使命，筑牢绿色屏障、壮大绿色经济、创新绿色制度、繁荣绿色文化，用实际行动践行"绿水青山就是金山银山"的理念。

一、化资源为资产

抚州自然禀赋优越，生态环境优美，具备绿色崛起、跨越发展的生态环境基础。全市森林覆盖率达 67.2%，排在全省前列，连续两年被评为"50 强氧吧城市"，拥有马头山国家自然保护区和岩泉国家森林公园等自然保护区、森林公园、湿地公园和风景名胜区 61 个，生物多样性丰富，是国家园林城市、国家森林城市。曾经，抚州人无数次地思考，祖祖辈辈守护的绿水青山，财富在哪里？发展的密钥在哪里？如何擦亮绿水青山这只"金饭碗"？多年来，抚州市不断先行探索，并于 2019 年获批国家生态产品价值实现机制试点城市。如今，一条具有江西优势和抚州特色的"绿水青山"向"金山银山"转化之路逐渐成形。

量化生态资源价值，是生态产品价值实现的关键。抚州市运用市场价值法、替代市场法、影子工程法、旅行费用法等方法核算，让"无形"的绿水青山得到了"有价"衡量。通过制度的完善，"资产怎么算""价格怎么定"等问题顺势逐个击破。

抚州市率先制定市域生态资产交易管理办法，完善生态资产交易系统。2021 年年底，黎川县樟村生态林场收到一笔 100 万元收储林场碳排放交易权资金，这是抚州市远期林业碳汇首单交易。年均值高达 100 万元的"新鲜空气"，让活了大半辈子的黎川县樟溪乡店上村村民黄健东感叹道："头一回听说空气还能卖钱。"据统计，截至 2022 年 7 月，抚州市生态资产交易平台已完成交易额 19.11 亿元。

二、化资产为资本

金融赋值是开启生态价值转化的一把"金钥匙"，是激发"两山"转化的新活力。资溪县是"国家重点生态功能区""国家生态文明建设示范县""国家生态综合补偿试点县"。近年来，该县立足良好自然禀赋，在全省率先创建"绿水青山就是金山银山"价值转化服务中心（简称"两山"转化中心），探索生态产品价值实现路径和机制，取得了初步成效。

资溪"两山"转化中心先后探索森林赎买抵押贷款、水资源抵押贷款、竹木产业链融资、林权代偿收储担保机制等多种生态权益金融业务，方便、快捷的服务让诸多贷款人连连称赞。据统计，截至目前，该县生态产品价值实现贷款余额 34.74 亿元，达全县贷款余额的 41.56%。通过总结资溪县的经验，抚州市接连成立 28 家生态专属机构和绿色保险产品创新实验室，通过资源收储、资本赋能和市场化运作，推动资源变资产、资产变资本、资本变资金。另外，抚州市还通过建立健全政银企对接机制，建立绿色项目库，梳理出 249 个项目，计算出融资总需求 655.2 亿元。

金溪县境内拥有格局完整的古村落 128 个，保存完好的明清古建筑 11633 栋，居全国第一方阵，是"江西省历史文化名城"，被誉为"一座没有围墙的古村落博物馆"。"古村落金融贷"是该县的一个创新。该县为解决贷款额度过小的难题，一方面创造性地结合贷款主体的信用，推出"古建筑抵押+信用""古建筑抵押+保证""古建筑抵押+其他抵押"等多种模式，以有效增加贷款额度。另一方面通过拍卖交易的方式，形成可参照的交易案例，为古建筑价值评估提供参照。截至 2021 年年底，该县"古村落金融贷"贷款余额达 10.11 亿元。这些探索引发了绿色发展的"聚集效应"，为加快绿色信贷产品创新，"畜禽智能洁养贷""地押云贷""公益林收益权质押贷""碳币贷"等 20 余种专属信贷产品相继推出。截至 2022 年 7 月，全市生态产品权益类贷款余额达 436.58 亿元。

三、化优势为动能

对拥有生态、文化两大优势的抚州来说，生态文明建设统领发展是贯彻新发展理念的必然选择。南丰蜜橘、崇仁麻鸡、广昌白莲……全市培育出绿色农产品、有机农产品、农产品地理标志共 476 个，位居全省前列，并创建了农产品区域公用品牌"赣抚农品"。其中，中国农产品地域品牌南丰蜜橘和广昌白莲价值分别达 172.21 亿元和 20.52 亿元。东乡区共有 9 个省一级种猪场和 24 个二级扩繁场，年均生猪出栏量 120 万头左右，每年能够带来约 20 亿元销售收入。为加快推进畜禽养殖废弃物资源化利用，推动生猪产业高质量发展，该区围绕"智能"和"洁养"两个关键词开展探索与调研，不仅解决了政府部门监管、养殖企业生产管理、银行贷后管理三方难题，还开创了集智能管理、清洁养殖、风险防控于一体的全新模式，让畜禽品质持续升级。2021 年全市人均 GDP 达 49710 元，城镇居民和农村居民人均可支配收入分别达 39484 元、19141 元。

四、获得稳定信贷支持

生态产品变现难、贷款难由来已久。抚州市生态产品价值实现试点示范直面贷款难，取得明显成效。以资溪县为例。近年来，资溪县在全省率先创建"两山银行"（更名为"两山"转化中心），牵头制定了《"两山"转化中心运行管理规范》江西省地方标准，并促成全省"两山"转化金融服务现场会在资溪召开，成功举办2021首届"智汇资溪"人才大会暨"两山"实践创新高峰论坛，资溪"两山"转化工作入选2021年度江西省全面深化改革十佳案例。

资溪县通过量化、整合、转化自然资源，探索生态产品价值实现路径和机制。重点摸清土地、林木、水资源和矿产等自然资源资产"家底"，编制自然资源资产负债表和生态资源图谱。并且在江西省率先开展县域GEP图斑级精算，制定生态产品机制核算指标体系、标准和规范，完成GEP一张图平台框架搭建。2020年资溪县生态产品价值达366.3亿元。

资溪县设置"四中心一平台"，即生态资源价值评估中心、资源收储中心、资产运营中心、金融服务中心和资产交易平台，为自然资源的整合转换提供一站式办理服务。

先后探索森林赎买抵押贷款、林权收益权质押贷款等多种生态权益金融业务，为"两山"价值转化提供源源不断的"金融活水"。截至2022年8月底，全县生态产品价值实现各项贷款余额34.12亿元，占全县贷款余额的42.07%，较年初增加3.68亿元，较2020年8月增加17.85亿元，2年翻了1倍多。资溪县财政出资5000万元成立融资担保公司，还设立3000万元"两权"抵押贷款风险补偿金，建立风险共担机制和风险缓释机制。创新开展林权代偿收储担保业务，即用林权担保发放贷款，在出现贷款人无法还贷的情况时，兜底收储抵押林权，解决金融机构后顾之忧。通过代偿收储担保机制，落地贷款12笔3095万元，抵押林地面积19208.3亩；化解不良林权抵押贷款7笔3540万元，涉及林权31657.5亩。据悉，资溪县通过"两山"转化中心实体化运作，共收储山林20万亩，河湖水面4500亩，闲置农房、土地经营权等生态资源资产20余项，总价值超过20亿元；筹资5亿元设立了生态产业引导基金，撬动社会资金20亿元发展林业及林下经济、20多亿元进入旅游产业。

第三节　试点示范工作建议

生态产品权益类交易是生态产品价值实现的重要途径，近些年抚州在生态产品权益类交易工作中积极作为，取得良好成效。但实践中依然存在交易前端基础不牢固，交易中端规模不理想，交易后端保障不充分三方面问题，需要在试点示范以及下一步工作中努力解决。

一、打造绿色发展名片

坚持绿水青山就是金山银山理念，持续提升生态质量，充分挖掘生态价值，探索创新生态制度，大力推广绿色文化，更高标准打造人与自然和谐共生抚州样板。

巩固提升生态优势。深入推进国家流域水环境综合治理与可持续发展试点，加快推动抚河流域生态保护与综合治理工程、凤岗河全流域生态治理，积极推进山水林田湖草生态保护修复。制订二氧化碳排放达峰行动方案，协同推进减污降碳。全面加强臭氧和 PM2.5 协同管控，综合治理挥发性有机物，严格控制城镇扬尘污染，从严监管餐饮油烟，确保大气质量持续提升。深入推进长江经济带"共抓大保护"攻坚行动，全面做好抚河重点水域禁捕禁渔工作，加强饮用水水源地保护，推进城镇污水管网建设，确保水环境质量不断提升。开展化肥农药减量和白色污染治理，加强危险废物和医疗废物安全处置，推进垃圾分类和减量化、资源化，加快废旧物资循环利用，确保崇仁、南丰 2 座区域性生活垃圾焚烧发电厂全面投用。推进分类封山育林，完成造林 8.35 万亩，巩固提升林业生态优势。

加速推进"两山"转换。纵深推进国家生态产品价值实现机制试点，继续推进"两权"抵押贷款试点，新增贷款余额 100 亿元以上。加快推进国家传统村落集中连片保护利用示范市建设，新增古村落传统建筑收储托管融资 30 亿元以上。深入推进普惠金融、绿色金融试点，充分发挥"两山银行"的作用，扎实推动生态产品评估、核算、融资、抵押体系建设。加快生态资产和生态产品交易平台建设，争取在抚州设立全国区域性生态产品交易中心。抓好远期林业碳汇交易试点，健全完善远期林业碳汇权益资产认证、发证、评估、交易等制度，争取形成可复制、可推广的经验。

践行绿色生活方式。深化绿色示范创建，打造节约型机关、绿色家庭、绿色学校、绿色社区和绿色出行等"生态杯"绿色创建品牌。全面推广"绿宝"

碳普惠机制，推动绿色生活、绿色消费、绿色金融快速融合，激励市民自觉参与节能减碳行动。深入开展"厉行勤俭节约、反对餐饮浪费"行动，加快推行绿色包装、绿色配送、绿色回收，加强包装物和废弃电器电子产品回收和资源化利用、无害化处理。

二、进一步夯实交易基础

明晰资源权能。产权权属清晰是产权进场交易的根本前提，可由抚州市自然资源局牵头全面推进生态产品经营权证发放工作。针对林权确权登记问题，可以《抚州市清理规范林权确权登记历史遗留问题试点工作实施方案》为基础，加快推进林权登记数据整合，排查梳理历史遗留问题，并对整理成册的档案进行数字化管理。针对因确权期限影响交易主体稳定经营的问题，可借鉴本地一些好的做法。比如针对房屋使用权租赁最长期限只有 20 年的难题，金溪县通过创新使用权流转方式，由房屋产权人将使用权托管给村委会，托管期一般定为 50 年，再由公司向村委会进行使用权流转，妥善解决房屋使用权租赁期限过短的问题。

完善价值评估体系。建立生态产品评估规范，发改委相关部门应牵头协调市政府有关职能部门和当地金融机构，针对不同类型的生态产品，探索建立体现市场供需关系的生态产品价格形成机制，逐步形成统一的、各金融机构认可的评估标准。目前，抚州农业农村局已建立了农地评估体系，其他职能部门也应加快出台林地和古屋建筑的评估办法。

充分应用核算结果。生态产品价值核算必须具备决策应用功能才具有政策意义，因此，由统计局、发改委等部门牵头，尽早建立全市域 GEP 精算平台，将 GEP 纳入环境保护规划和项目引进等决策中，将"GDP+GEP"作为提升各地考核实效的目标和标准，而且应将生态产品价值核算结果作为各级领导干部离任审计的重要内容，以此对各级领导干部形成倒逼机制，使各级部门都能重视生态产品权益类交易相关工作。

三、健全生态产品交易链

开展生态产权交易可以用生态产品货币化促进外部成本内部化，实现从产权到货币的转型，也就是打通"绿水青山"转化为"金山银山"的市场通道。

打造交易平台。生态产品市场是生态产品价值实现的重要载体，但当前的生态产品交易平台大多数仅仅服务于物质产品类的生态产品，对于当前产权不明晰的生态产品，尚未有成熟的交易平台，急需构建生态产品的省级和地市级交易功能性平台。组建自然资源运营管理平台。推动自然资源一体化收储、平台化运营，打通资源整合收储、资产整理、资本引入、运营发展等关键环节。搭建环境权益交易平台，扩大交易产品品类，打造成为全国的区域性交易平台。拓展物质和文化服务生态产品供需对接平台。持续办好生态产品重大展会，定期组织生态产品线上云交易、云招商。鼓励各地在电商、出行等互联网平台设立生态产品专区，推动更多生态产品向线上平台聚集。

健全交易体系。建立生态资产与生态产品市场交易机制，形成生态资产确权、第三方核算交易市场、转移登记与监督制度等完整的交易体系。建立各类生态资产产权和生态产品的市场交易制度、市场转移登记与监管制度，制定交易行为与资金管理等配套政策，为生态资产与产品交易市场化建设提供保障，探索政府管理或设定限额、绿化增量责任指标交易、清水增量责任指标交易等方式，合法合规开展森林覆盖率等资源权益指标交易。健全碳排放权交易机制，探索碳汇权益交易试点，健全排污权有偿使用制度，拓展排污权交易的污染物交易种类和交易地区，探索和建立用能权交易机制。实施生态产品市场准入负面清单制度，明确生态产品的准入条件、方式和程序。探索建立反映市场供求关系、资源稀缺程度、环境破坏成本和代际关系的价格形成机制，更好地实现生态产品的经济价值和生态价值。

四、大力发展生态农业

生态产品的价值实现，是一个非常复杂的系统工程，但归根结底还是要有良好的生态产品。抚州市大力发展生态农业，既是必要的，又具备可能性。

南丰蜜橘不仅是抚州市，也是江西省少有的驰名传统品牌，曾经是无数人的最爱，极大地拉动了当地经济发展。但是，近年来，人们对南丰蜜橘的认同却日趋下降。我们建议：一是解决质量下降问题，着重在良种培育、病虫害防治和标准化种植等方面狠下功夫。建议省级层面为解决以上问题进行专题立项，筹集资金设置招标课题，整合省内乃至国内高水平专家团队，做好南丰蜜橘的良种培育、种植及质量标准制定。当地政府要安排相关力量对南丰蜜橘的标准化种植进行推广指导和检查督促。二是为更好地保护南丰蜜橘的品牌，防止非南丰蜜橘鱼目混珠，要充分利用现代科技建立南丰蜜橘的质量可追溯体系，让消费者能真正购买到货真价实的南丰蜜橘。南丰蜜橘之所以千百年来为人所钟爱，就在于南丰良好的生态环境。这是生态农业的一个典范，也是生态产品价值得到实现的一个典型案例。

五、金融支持生态产品价值实现

争创区域性生态产品交易中心。从金融的角度看，生态产品的价值很大程度上取决于其未来产生现金流的能力，生态产品中心的运营可采取以下举措：第一，中心与各市县"两山银行"直接对接，优先上线经"两山银行"收储及整合，能够产生现金流、易于产业化的项目或资产包；第二，要求"两山银行"内部设立专班，以单独的人力资源、考核机制、项目整合等模式实现对接，提高对接效率；第三，与浙江丽水等地拟打造的生态产品交易中心实行差异化竞争，注重专业化、差异化发展，现阶段可重点推动林业碳汇、文旅资产等抚州具有资源禀赋优势、能够产生现金流或易于产业化的生态资产交易。

扩大生态产品抵押贷款规模。生态产品如林权、水权等产生现金流的能力较弱，实际调研中发现，林权抵押贷款的不良率居高不下，严重影响金融机构贷款积极性。我们建议：第一，大力推动乡村信用社体系建设，为农户建立数字化信用档案，利用涉农政务大数据为农户精准画像，进行信用评级；第二，根据农户信用评级划分风险等级，由相关部门、银行、担保公司（保险公司）按不同比例共同承担贷款风险，完善风险分担机制，提高财政资金使用效率；第三，银行等金融机构根据农户信用评级制定差异化贷款利率。对不同评级农户的生态资产抵押贷款给予差异化利率，同时，创新生态资产贷款产品。利用数字技术赋能生态产品价值实现。充分利用物联网技术，对经济价值高的生态产品建立溯源机制，开发基于物联网大数据的信贷产品。可采取如下措施：第一，由政府、农户及银行等机构共同协商，共同承担物联网建设及运维成本；第二，建立农产品溯源系统，通过对农产品的高效可靠识别和对生产、加工环境的监测，实现农产品追踪、清查功能，进行有效的全程质量监控，提升可溯源农产品的品牌效应及经济价值；第三，鼓励银行利用物联网大数据创新信用贷款产品，为当地品牌农产品提供信贷支持。

第十章 三峡地区绿色发展示范区建设

三峡地区地理区位特殊，上连成渝经济圈、下接长江中游城市群，三峡水利枢纽工程控制流域面积100多万平方千米，占长江流域面积的56%，是长江经济带的重要战略节点；三峡地区绿色底蕴深厚，各类水资源总计4900亿立方米，占长江水资源量的51%，是大国重器三峡工程所在地、全国水电资源最富集区域，是国家重要生态屏障和战略水源地；三峡地区经济发展滞后，库区人多地少，生态环境保护治理任务艰巨，基本公共服务水平偏低，产业发展基础薄弱，巩固拓展脱贫攻坚成果繁重，发展不平衡不充分问题突出，是急需国家支持的重点区域。2019年以来，推动长江经济带发展领导小组办公室组织重庆市、湖北省分别编制三峡地区绿色发展实施方案，按照确定的目标任务，明确生态环境保护、基础设施建设、产业体系构建、城乡人口转移、公共服务提升等方面具体举措，推动三峡地区绿色发展。

第一节 示范区建设的做法

三峡地区坚持生态优先、绿色发展，狠抓生态环境突出问题整改，深入推进城镇污水垃圾处理、化工污染治理、农业面源污染治理、船舶污染治理和尾矿库污染治理"4+1"工程，开展系统性保护修复，切实改善三峡库区生态环境质量。同时，三峡地区积极探索建立生态产品价值实现机制，在自然资源资产核算、生态价值计量、生态价值应用等环节加强创新实践，探索政府主导、企业和社会各界参与、市场化运作、可持续的生态产品价值实现路径，真正把绿水青山转化为金山银山，走出一条生态优先、绿色发展的新路子。

一、突出规划引领，加强绿色低碳发展顶层设计

三峡地区坚持统筹规划，加强顶层设计，整体推进绿色发展示范区建设。国家长江办确定重庆市与湖北省宜昌市、恩施州、神农架林区等地联动开展三峡地区绿色发展示范后，重庆市和湖北省分别印发实施了《重庆市三峡地区

绿色发展实施方案》《湖北省三峡地区绿色发展实施方案》，明确了生态环境保护、基础设施建设、产业体系构建、城乡人口转移、公共服务提升等方面的具体举措。各地区按照山水林田湖是一个生命共同体的理念推动协同保护、系统发展，以长江干流为骨架、库区和支流流域为单元，兼顾生态功能区和国家公园等各类自然保护地建设，统筹上下游、干支流、左右岸的生态修复和绿色发展，强化重大问题研究和分类施策，系统推进治山治水与扶贫致富，不断夯实绿色发展基础。

围绕建设三峡地区绿色发展示范区，重庆市科学编制全市重要生态系统保护和修复重大工程总体规划，系统谋划生态修复工程的战略目标、空间布局、任务时序和政策措施，增强生态保护修复的整体性和系统性，筑牢长江上游重要生态屏障；并且还构建碳达峰碳中和政策体系，制订实施川渝能源绿色低碳高质量发展协同行动方案，全力推进降碳、减污、扩绿、增长。湖北省宜昌市明确了以流域治理为根本统领、以实现"四化"同步为中心任务、以绿色低碳发展为主攻方向、以开放创新为核心驱动、以企地共建为基本路径，努力建设"山青水美、产业兴旺、百姓富裕、企地共荣"的绿色低碳发展示范区的基本思路，并推动上升为省级战略。湖北省恩施州认真贯彻落实《湖北省清江流域水生态环境保护条例》，精心编制《恩施州流域综合治理和统筹发展规划》，明确水安全、水环境安全、生态安全底线。编制《恩施州国土空间生态修复规划（2021—2035 年）》，发布实施《恩施州生态环境保护"十四五"规划》，强化生态空间用途管制，指导生态环境保护和修复。编制实施《恩施州清江流域绿色发展总体规划》《恩施州清江流域生态环境综合治理与绿色发展实施方案（2021—2025 年）》《恩施州 2019—2030 年水域滩涂养殖规划》等，为"十四五"清江及全州水生态环境保护工作提供科学指南。出台《关于加强清江保护工作的意见》《恩施州全面推行河长制实施方案》等系列文件，全力推进清江流域保护各项措施落实落地。

二、坚持生态优先，加强生态环境保护治理

三峡地区强化上游担当，统筹推动流域综合治理，确保一江清水东流。重庆市印发实施《重庆市水生态环境保护"十四五"规划（2021—2025 年）》，系统推进流域保护修复；印发贯彻落实第 4 号市级总河长令实施方案，统筹推进常态化巡访暗访、流域综合治理、水环境联合执法；制定实施《重庆市入河排污口排查整治和监督管理工作方案》，编制印发入河排污口排查、监测及溯源等技术规范，组建专家团队开展技术帮扶。湖北省宜昌市细化流域综合治

理"底图单元",划定12个三级流域管控单元和27个四级流域实施水体,一体推进保山护水、治山理水、美山靓水。坚决落实长江十年禁渔,科学划定禁捕范围,全面取缔清江库区网箱养殖,推行陆地鲟鱼养殖模式,建立长江珍稀鱼类放流点。强力推进控源截污,推动长江干流沿线1公里内入江工业污染、非法排污口和码头、"三无"采砂船舶全部清零,实施三峡水库淤积砂石综合利用。全力推动水岸共治,实施长江干支流岸线复绿工程,推进国家山水林田湖草生态保护修复试点,开展绿色矿山建设3年行动和废弃矿山生态修复4年行动,在全国率先实行河湖长制。湖北省恩施州将清江流域水污染治理纳入污染防治攻坚战、碧水保卫战、长江高水平保护十大攻坚提升行动的重要内容一体部署、一体推进,按年度对县市党委政府、州直相关单位履职情况进行考核。严格落实"三线一单",严把产业准入关,长江及清江干流岸线1公里范围内未建化工及造纸行业项目,禁止审批装机容量5万千瓦以下的水电项目。持续深化"河湖长制",持续加大工业污染源整治力度,实施清江"十年禁渔"。

三峡地区还实施山水林田湖草生态保护修复,协同推进"治水、护岸、修山、良田、绿城、保林"等工程任务,注重增强各项措施的关联性和耦合性,系统解决流域生态环境问题。在治水的同时,注重长江岸线修复,综合整治化工、市场、居民、码头"四个围江",取缔非法码头、采砂场,推进绿色锚地、规范提升码头,腾退修复岸线。实施"修山"工程,综合整治废气矿山,对废弃渣堆、废弃工矿地、采矿塌陷区进行平整土地、清运渣堆、植被修复,对矿区洛溪河、干沟河、陈家河等水体进行清淤并修复岸线,改善矿区人居环境。实施"良田"工程,将农业面源污染治理、耕地质量提升、发展绿色农业、农村人居环境整治等有机结合,采用有机肥替代、水肥一体化、立体农业等模式,建设生态农业示范区。实施"绿城"工程,对人口集聚的城镇地区,采取植被修复、污染水体治理、岸线治理修复等措施,增绿补绿,建设城市生态廊道,构建城市绿网。实施"护林"工程,采取天然林保护、补植增植、森林病虫害防治、中幼林抚育等措施,对退化森林地区进行保护修复,防治水土流失和石漠化。

三、推动产业绿色低碳转型,激发产业绿色发展新动能

重庆三峡库区各区县依托资源优势,加快推进产业转型升级。万州区借力重庆的大数据智能化战略和"智造重镇、智慧名城"建设,对区内重点企业、重点行业实施绿色赋能技改,全区数字经济企业超过1000家,两家企业成功

创建"国家级绿色工厂"。开州区瞄准节能经济和循环经济，通过淘汰关停91家落后过剩产能企业"腾笼换鸟"，发展能源建材、医药食品、电子信息、装备制造四大绿色主导产业。奉节县通过"抱团发展"，推动脐橙产业标准化、精细化、高端化；抓住沿海产业梯次转移的机遇，发挥劳动力资源、供应链等优势，着力做强眼镜产业；紧抓数字经济机遇，加大招商引资力度，培育发展大数据产业；将长期闲置的工业遗址与峡谷、溶洞等自然资源有机融合，挖潜文旅产业，打造乡村旅游示范基地。云阳县探索城镇绿色智能发展模式，打造"数智森林小镇"；依托农业加工产业集群打造的"天生云阳"品牌，引领地域特色绿色食品产业发展。此外，重庆以秀山县为重点，狠抓锰污染治理，通过印发实施《重庆市加快淘汰锰行业落后产能工作方案》，从资源开采、生态环保、安全管理、产业转型等方面综合施策，推动锰污染系统综合治理、倒逼锰行业绿色转型发展；印发实施《关于支持秀山发挥渝东南桥头堡城市作用工作方案》，坚持一手抓锰污染治理、一手抓产业绿色转型。

湖北省宜昌市转变工业发展方式，立足生态资源优势推动产业绿色转型。一方面，宜昌壮士断腕推进沿江化工企业"关改搬转"，设立资金优先支持化工企业技术改造，推动传统化工产业向精细化工、绿色化工和化工新材料产业转型。同时，依托三峡实验室开展科技攻关，推进磷石膏无害化处理和综合利用，推动化工全产业链绿色转型。另一方面，发挥"风光水储"能源富集优势，系统谋划"风光水储一体化""源网荷储一体化"发展，规划抽水蓄能项目，大力发展清洁能源。依托生物医药创新优势，打造大健康产业基地，生产发展仿制药、原料药等，形成了从药包材、辅料到原料药、制剂全领域的完整产业链，生物医药产业入选全省首批9个战略性新兴产业集群之一。融入长江黄金旅游带大通道，依托"三峡大坝、葛洲坝、长江三峡"等山水旅游资源和屈原、王昭君等人文资源，精心设计"水上旅游走廊""公路观光廊道"等精品旅游线路，打造30个"微度假地"新业态，构建"全域宜游""全时畅游"的大旅游格局，打造世界旅游名城。

湖北省恩施州按照"生态产业化、产业生态化"路径，加快推动产业绿色发展。在推进生态产业化方面，立足"土、硒、茶、凉、绿"特色优势，建设绿色产业体系。依托自然生态、民族文化、富硒养生、避暑气候等优势资源，发展生态旅游康养大产业；立足硒资源优势，以茶叶、畜禽、果蔬、粮油为重点开展硒农产品种养加工，以硒功能产品、硒饮用水、硒预制食品等为重点开展硒产品精深加工，推动富硒产业加快发展；以现代中医药及其衍生健康产品为核心，以生物医药制品、医疗器械及材料等为重点，推动中药材基地实现标准化、规模化发展，引进生物医药企业，延伸生物医药产业链；立足页岩气、水、风、光等优势资源，推进风光水储一体化建设，推广页岩气综合利用，发展清洁能源产业；积极引进新技术、新模式、新业态，大力发展数字经济、电子信息、大数据等新兴产业。在推进产业生态化方面，实施产业节能降碳行动，促进产业高质量发展。加快淘汰落后产能，陆续关停煤矿企业、小化肥企业、小火电企业、小水泥企业、造纸企业等；实施《恩施州工业（制造业）高质量发展"十四五"规划》，全力推进传统产业转型升级，落实技术改造奖补政策，为企业兑现技术改造奖励性补贴 7000 万元。加快推进工业、城乡建设、交通、商业、农业和生态环保等领域节能降碳，持续开展燃煤锅炉专项整治行动，全面推进清洁能源替代工程，加快农村能源生产和节能改造，不断提高农村沼气、农业畜禽粪污、秸秆等废弃物资源化能源化开发利用水平。

四、整合生态资源，探索生态产品价值实现路径

重庆市凝聚绿色发展合力，探索多种"两山"转化路径。一是发展生态产业。例如，黔江区大力发展蚕桑产业，探索生态修复和经济发展协同推进。在种植端，推出"桑+菜""桑+中药材"等多种间作模式；在缫丝端，引进东部沿海的丝绸企业前来开厂，就地"抽丝剥茧"；在丝绸端，有黔江桐乡丝绸工业园，捻丝织绸织地毯；在文创端，打造太极蚕桑文创体验馆、中元汉珍玉丝基地和武陵山丝绸博物馆，实现农文旅融合。二是探索"以碳代偿"路径。即违法行为人以认购碳汇的方式代偿其违法行为造成的生态价值损失及应承担的相应生态环境修复责任。三是构建"碳惠通"生态产品价值实现平台，帮助林业碳汇、分布式光伏发电和工程减碳等核证自愿减排项目产生的碳减排量有序进入市场。四是积极探索推进 GEP 核算与应用，科学助力生态建设及生态产业化（EOD）项目规划。例如，北碚区在全市率先创新探索 GEP 生态产品总值核算，通过构建符合自身实际的 GEP 核算框架体系，摸清了整体及各部分生态系统的家底，为全区绿水青山贴上了 337 亿元的"价格标签"，为全区不断拓宽"两山"转化路径、实现"两山"理论高质量转化提供了科学支撑。并且北碚区探索实施总投资约 332.7 亿元的环缙云山 EOD 项目，将生态环境治理和城市开发相结合，以"区域环境治理+文旅康养、生态旅游、产业开发"为主题，通过重点实施梁滩河马鞍溪流域治理、森林品质提升、科学自然里、缙麓生态城等项目，实现产业开发与环境治理相互关联、有效融合，生动践行了"绿水青山就是金山银山"。五是实施流域横向生态补偿机制。为解决跨境河流治理过程中上下游推诿扯皮问题，2018 年重庆市对 19 条

跨区县河流实施流域横向生态补偿机制，交界断面水质提升的，下游补偿上游，水质下降的，上游补偿下游。此外，重庆还与四川建立了长江干流及濑溪河等跨省市流域横向生态保护补偿机制，初步建立了"1+1"（长江干流+重要支流）的川渝跨省市流域横向生态保护补偿格局。

湖北省宜昌市统筹谋划，创新机制，积极探索"两山"转化路径。一是优化顶层设计。编制《宜昌市生态价值转化路径研究报告》，建立特色生态产品目录清单，探索开展生态系统生产总值核算；联合恩施州建立了跨市州河流横向生态保护补偿机制，每年安排生态保护补偿资金8800万元；建设长江大保护数字核心平台，推动长江大保护全景可视、全时监测、全程管控。二是拓展转化路径。抢抓"双碳"机遇，构建"1+N"政策体系，7家火电企业率先进入全国碳排放权交易市场，三宁化工完成全国首单1000万元碳质押融资，2022年组织85家排污单位参与40批次排污权交易、金额2757.85万元，完成全省首例水权交易1000万立方米；因地制宜发展生态旅游、生态康养、农文旅融合、飞地经济产业，投资108亿元实施长江生态保护与绿色发展EOD项目，既保护了生态颜值，又提升了经济价值。三是创新绿色金融。先后推出碳排放权质押、林权质押、知识产权质押融资等绿色信贷产品10款，发行绿色债券9只、金额115亿元；围绕"两江四河"流域综合治理和山水林田湖草系统修复等重点，推动国开行、农发行支持长江大保护贷款项目。

湖北省恩施州聚焦特色资源优势，不断提升生态产品价值，积极畅通"两山"转化渠道。一是加强生态产品公共品牌培育，形成了以"恩施硒茶""恩施土豆"州域公用品牌为统领，以"恩施玉露""利川红"特色产品品牌为核心的品牌体系。二是实施生态系统碳汇增量工程，推进彩色森林建设六大行动，积极开发林业碳汇。三是探索建立流域横向生态保护补偿机制，与宜昌市签订长江、清江流域横向生态补偿方案，在全省率先建立跨市州流域横向生态保护补偿机制。四是加大金融创新，发展绿色金融，探索开发以水权、林权、排污权、碳排放权等生态权益为抵押的绿色金融产品。

五、创新体制机制，加强绿色发展制度保障

重庆市携手四川加强务实合作，打造高水平区域生态环境保护协作样板。一是积极推进环境管理协同联动。川渝协同推动固废、土壤、噪声等地方性环境保护法规及规章制度修订，常态化对毗邻地区开展涉水、气、固废等方面的跨区域联合执法，加快构建成渝地区生态环境智慧感知一体化监测网络体系。二是深入实施生态系统协同保护。川渝共同出台"六江"生态廊道规划，提质共建"两岸青山·千里林带"，协同推进国家森林城市、国家生态园林城市创建；加强毗邻地区自然保护地和生态保护红线监管，建立川渝高竹新区试点区域生态环境分区管控协调机制；落实长江十年禁渔政策，共同实施长江上游流域重点水域全面禁捕；制定川渝地区矿山生态修复技术规范，高质量实施三峡库区腹心地带山水林田湖草沙一体化保护和修复工程。三是持续开展跨界污染协同治理。川渝协同推进琼江、大清流河等跨界流域水生态环境保护项目建设，实施南溪河、涪江流域水生态环境保护联防联治，常态化开展联合巡河；突出川渝毗邻地区及传输通道城市开展大气污染防治联动，加强细颗粒物和臭氧协同控制，常态化推动两地水泥熟料生产企业开展协同错峰生产；制定毗邻区域土壤污染重点监管单位清单，开展重点监管单位土壤污染隐患排查和自行监测；在重庆全域和四川 8 个市开展"无废城市"共建，探索开展"无废集团"试点，将危险废物跨省市转移"白名单"制度拓展至湖南、湖北。四是加快探索绿色低碳协同转型。川渝加快实施"双碳"联合行动，持续推进成渝氢走廊、电走廊、智行走廊和天然气（页岩气）千亿立方米级产能基地建设，协同实施区域能源绿色低碳高质量发展；联合开展减污降碳科技攻关，共建绿色技术创新中心和绿色工程研究中心，携手推进两江新区、天府新区气候投融资试点，探索推动成渝碳普惠互认和对接；加快生态文明建设示范区和"两山"实践创新基地建设，协同推进美丽中国地方实践。

宜昌创新五法并举机制，标本兼治推进流域综合治理。一是科学立法。市人大将每年 4 月 24 日设为"宜昌长江保护日"、6 月 2 日设为"宜昌生态市民日"，出台《关于加强生物多样性协同保护的决定》，颁布实施《宜昌市黄柏河流域保护条例》，在国内首创流域分区保护制度。二是综合执法。建立"跨区域、跨部门、跨层级"流域综合执法体制，成立全省首个流域综合执法机构——黄柏河流域水资源保护综合执法局，集中行使环保、水利、农业、渔业、海事等部门涉及水生态保护的 138 项行政执法权，破解"九龙治水"。三是水质约法。独创水质达标情况与生态补偿资金、磷矿开采计划"双挂钩"机制，倒逼控污、减污、排放提标升级，推动黄柏河流域水质Ⅱ类达标率从 2017 年的 71.65%提升至 2022 年的 98.21%，并在市内其他重点流域推广应用。四是一线执法。设立基层执法点，实行"守在河边、一线执法、流动巡查、现场管控"，精准打击流域违法行为。五是全民普法。全方位开展生态公民建设，开展"五星生态公民""生态公民""生态学校""生态社区（村）"示范创建活动，推动生态教育从"生态小公民"向"生态好公民"拓展跃升。

恩施加强生态环境安全监督管理，积极开展生态环保宣传，形成全民参与共抓保护的良好氛围。一方面，强化监督管理，保障流域生态环境安全。加强自然保护地监管，开展木林子、咸丰忠建河大鲵等国家级自然保护区环境问题核查督办；出台《关于建立恩施州域长江大保护多元共治协作机制的实施意见》，组织签订"宜荆荆恩"农业综合执法合作框架协议，建立协同共管机制；实施最严格水资源管理制度，开展用水统计调查和监督检查工作，加强水功能区监督管理；强化水电站生态监管，严格落实《恩施州水电站生态流量监督管理办法》；完善突发水污染事件应急防范体系，与相邻 5 个地市建立流域上下游联防联控机制，完成 7 条河流"一河一策一图"编制工作。另一方面，强化宣传引导，营造全民参与浓厚氛围。成立清江源生态环境保护法庭，加强典型案例宣传推介，切实提升生态环境保护案件审执能力和质效；充分利用世界环境日、法制宣传日、世界水日和环保世纪行等活动，以图片展、宣传单和影像资料等多种形式，广泛宣传《湖北省清江流域水生态环境保护条例》《环境保护法》《水污染防治法》《恩施州饮用水水源地保护条例》等法律法规；农业农村部门开展"以案说法、送法下乡到户"活动，组织网红直播宣传规范垂钓和"十年禁渔"政策法规；生态环境部门组织开展环保世纪行宣传活动，打造"护航成长 与法同行"法制精品课程，走进施州民族小学、思源实验等学校开展普法活动；通过电视问政、州政府门户网在线访谈等方式宣传全州环保工作，动员群众积极参与环境保护，营造共抓清江保护的良好氛围。

第二节　示范区建设的成效

三峡地区深入践行习近平生态文明思想，深刻领会习近平总书记关于长江大保护、长江经济带发展的系列重要讲话和重要指示批示精神，切实把党中央、国务院决策部署转化为示范区建设的生动实践，统筹推进生态保护、产业转型、乡村振兴、区域协同，示范区建设蹄疾步稳、成势见效，形成示范效应。

一、生态环境保护与治理取得显著成效

重庆市坚定不移走生态优先、绿色发展之路，山清水秀美丽之地建设迈出坚实步伐。牢固树立绿水青山就是金山银山理念，严格落实长江保护法，全面推行河长制、林长制，完成第三次国土调查，治理水土流失面积 7041 平方千米，实施地灾重大工程项目 319 个，完成国家山水林田湖草生态保护修复工程

试点、长江"十年禁渔"退捕任务和长江经济带小水电清理整改任务，涉自然保护地问题整改完成率达到99%。三峡后续工作累计实施项目1746个，总投资289.9亿元。全市森林覆盖率达到55%，城市建成区绿化率达到42.5%，长江干流重庆段水质保持为优，城市生活污水集中处理率超过98%，生活垃圾无害化处理体系覆盖全市，空气质量优良天数稳定在300天以上，PM2.5平均浓度下降30%，单位地区生产总值能耗年均下降2.9%。长江上游重要生态屏障持续巩固，山水之城、美丽之地魅力更加彰显。

湖北省宜昌市坚决扛起三峡生态屏障和长江流域生态敏感区的特殊责任，全力护佑长江水质，确保一江清水东流，打造出长江生态保护修复新样板。通过强化全局流域综合治理，坚决落实长江十年禁渔，深入实施污染治理，截至2022年，长江干流宜昌断面水质已稳定达到II类标准，出境断面总磷浓度较2017年下降62.6%，空气质量优良311天较2017年的258天净增53天。2020年，在湖北省长江大保护十大标志性战役考核中，宜昌获评"优秀"并以98.6的综合评分位居全省第一。2022年，宜昌纳入国家"水十条"地表水考核的16个断面水质优良比例均达100%。通过实施长江干支流岸线复绿工程，完成长江两岸造林绿化1.34万亩，修复长江干流岸线97.6千米、支流岸线196千米。在推进国家山水林田湖草生态保护修复试点中，实施18大工程63个项目，完成总投资103.2亿元，工作经验在全国推进会上做交流推广。在全国率先实行河湖长制，"宜昌模式"入选全国河湖长制典型案例，受到国务院大督查激励。被誉为长江流域生态环境"指标生物"的江豚长期安居宜昌，已由2015年的5头增长到2022年的3个家族23头，"江豚吹浪立，沙鸟得鱼闲"已成为人民群众唾手可得的生活日常。

湖北省恩施州坚定践行习近平生态文明思想，严格落实长江大保护决策部署，统筹推进清江流域水污染治理、水生态修复、水资源保护，绘就了一幅人水和谐的美丽画卷。2022年，恩施州清江干流7个地表水断面和忠建河、马水河等重要支流3个地表水断面水质优良率为100%。13个县级及以上集中式饮用水水源地水质达标率100%，全州地表水国家考核断面水环境质量连续三年居全国地级及以上城市前30位，全省唯一。2022年，水利部第二届寻找"最美家乡河"活动揭晓，清江成为湖北唯一上榜河流。

二、绿色生态产业体系日趋完善

重庆市坚定不移转变发展方式，高质量发展动能更加强劲。一方面，加强科技创新，促进产业转型升级。2022年，提速建设西部（重庆）科学城、两江协同创新区、广阳湾智创生态城等科创载体，投用中科院重庆汽车软件创新研究平台、金凤实验室、卓越工程师学院等科教平台，启动实施专精特新企业高质量发展专项行动和科技型中小企业创新发展行动，实施汽车软件、生物医药等12个重大专项，一批科技成果实现产业化。开展制造业"一链一网一平台"试点示范，建成国家工业互联网数字化转型促进中心，新实施智能化改造项目1407个，新认定智能工厂22个、数字化车间160个，推动企业"上云"1.3万余家。专班推进汽车、电子等重点产业保链稳链和集群发展，制订实施世界级智能网联新能源汽车产业集群发展规划、软件和信息服务业"满天星"行动计划，加快布局卫星互联网、硅基光电子等产业新赛道，规上工业增加值增长3.2%，战略性新兴产业增加值增长6.2%，新能源汽车产量增长1.4倍，软件业务收入增长10.5%。另一方面，全力推进降碳、减污、扩绿、增长，生态环境质量持续改善。构建碳达峰碳中和政策体系，完成重点行业建设项目温室气体排放环评试点，两江新区入选国家气候投融资首批试点城市。制订实施川渝能源绿色低碳高质量发展协同行动方案，全市天然气产量达到145亿立方米，清洁能源电量消纳占比超过47%。全面开展长江入河排污口排查整治，建设改造城镇排水管网1900公里。锰行业落后产能全部淘汰退出。实施营造林500万亩，新增城市绿地1500公顷，广阳岛生态修复主体完工。制订实施制造业高质量绿色发展行动计划，获批全国智能建造试点城市，创建绿色工厂78家、绿色园区5个。

湖北省宜昌市面对转型升级的现实压力，抢抓风口、转换赛道，全面加速了产业裂变。通过分类实施"关改搬转"，不仅破解了"化工围江"难题，传统化工产业也逐步实现"破茧重生"。截至2022年，累计完成134家化工企业的搬迁改造工作，"关改搬转"阶段性攻坚任务全部完成。全市磷石膏产生量1190.1万吨，综合利用量993.5万吨，综合利用率83.5%，较2021年52.3%的综合利用率提升31.2个百分点。全市精细化工占化工产业比重由整治前的18.6%提高到40%以上；化工产业利润、税收连续三年实现10%以上增长。同时，宜昌聚焦优势产业，加强技术改造和技术创新，锚定绿色、循环、低碳发展方向持续锻造长板，不断扩大绿色低碳产业规模，持续推进产业结构优化。2022年，全市绿色化工、装备制造、生物医药、食品饮料产值分别达到1503亿元、1064亿元、647亿元、912亿元，分别增长29.1%、22.7%、27%、17.3%；新材料、生物医药产业入选全省战略性新兴产业集群；宁德时代邦普、欣旺达东风、楚能新能源、山东海科等重点项目加快建设，邦普循环一期、天赐材料等项目建成投产，新能源电池全产业链加快实现闭环，在建项目年产能达到 60GWh；长阳清江、远安抽水蓄能项目开工建设，中清智慧光伏一期建成投产；"电化长江"加快实施，纯电动游轮"长江三峡1号"投入运营；新获得药品注册批件 12 个；新通过仿制药一致性评价品种 5个，累计数量全省第一；实施工业技改提能项目 1305 个，完成投资 778 亿元；新增国家级"小巨人"企业 24 家、单项冠军 2 家、"两化"融合管理体系贯标企业 9 家、技术创新示范企业 1 家；跃居全国制造业高质量发展 50 强城市第 36 位；建筑业产值达到 1786 亿元。三峡大瀑布跻身国家 5A 级景区；三峡云栖谷、昭君国际滑雪场建成开园。新引进金融机构 4 家，新增地方金融组织3 家。规上农产品加工产值达到 1436 亿元；建设高标准农田 32.46 万亩；完成柑橘"三改"10.1 万亩、老茶园改造 3.8 万亩；宜昌茶业集团成功组建；粮食产量保持稳定。国家高新技术企业突破 1000 家，高新技术产业增加值占生产总值比重提高 1 个百分点；创新能力跃居全国创新型城市第 45 位。

湖北省恩施州立足生态资源，发挥"土、硒、茶、凉、绿"特色优势，打造特色品牌，持续推动产业高质量发展。2022 年，规模以上工业增加值增长 6%，新增规上工业企业 100 家、高新技术企业 215 家、国家级专精特新"小巨人"企业 6 家，高新区规上工业总产值达到 41 亿元。州产业投资公司、文化旅游投资公司、数字产业公司、恩施硒茶集团、利川红产业集团等挂牌成立，《恩施州大产业发展规划》发布实施，特色产业发展进入规划引领、平台助推的新阶段。恩施州入选第三批国家农业绿色发展先行区创建名单，"恩施玉露""恩施土豆"纳入国家农业品牌精品培育计划，"利川红"荣膺巴拿马万国博览会特等金奖。硒资源研究与生物应用湖北省重点实验室挂牌成立，全国首家蘑菇中毒重点实验室投入使用。页岩气实现规模化开采，产气量突破6000 万立方米。全州接待游客 6800 万人次，实现旅游综合收入 437 亿元，分别增长 1.77%、3.41%。巴东无源洞、鹤峰屏山成功创建 4A 级景区。新增限上商贸单位 200 家、规上服务业企业 38 家。"832 平台"销售额连续三年位居全国地市州第一名，"快递进村"覆盖率达 80%。

三、生态产品价值不断提升

重庆市成功创建 6 个国家生态文明建设示范区和 5 个"两山"实践创新基地，获批绿色金融改革创新试验区，广阳岛片区成为长江经济带绿色发展示范，巫山五里坡国家级自然保护区列入世界自然遗产。重庆已建成上线全国首个覆盖碳履约、碳中和、碳普惠的"碳惠通"生态产品价值实现平台，截至2021 年年底累计核发排污许可证 6518 张，组织企业交易 3.6 万余次、交易额

7.04亿元。大都市、大三峡、大武陵旅游品牌影响力持续增强，成功创建国家级文化产业示范园区，持续加强7个示范基地建设，文化产业增加值年均增长8.3%。

湖北省宜昌市从生态农业、生态旅游、生态生活、生态文化等多个方面探索实践"两山"转化路径，形成宜昌模式，宜昌获评第六批国家生态文明建设示范区，五峰县、环百里荒乡村振兴试验区先后入选全国"绿水青山就是金山银山"实践创新基地。五峰县依托森林资源优势，创新发展"林药蜂"复合生态系统，在林下种植药材、周边配套养蜂、适度发展鸡牛羊养殖。这一生态产业模式，在保护林地的基础上，为全县带来了35亿元的综合产值，居民人均可支配收入从2015年的7880元增长到2020年的11735元，并入选"110个全球减贫最佳案例"。同时，五峰县依托茶产业发展基础，构建了"茶叶基地+湖北西南茶叶市场+古茶道+土家风情+世界茶旅古镇+中国茶旅大会"的茶文旅融合产业链，实现了"以茶促旅、以旅带茶、文旅融合、茶旅互动"，打造了"观光+旅游+农家乐+康养服务"一体化的村庄新业态，有效推动了生态产品价值转化，"农文旅"综合产值持续攀升至50亿元，成为五峰乡村振兴支柱产业。此外，宜昌市按照"一环引领、农旅互促、三区共建、连点成片"的思路，全力推进环百里荒乡村振兴试验区建设。试验区依托规划优势和基础，将"两山"基地建设融入社会经济发展的全过程，探索形成了"变荒为景，旅游助推生态治理""高山草场，有机农业创特色""以景养康，用生态惠益百姓""初心不改，乡村文化显文明""景观改造，助推'旅游+'新模式""绿色生活，创美丽生态乡村"等多种"两山"转化路径。截至2021年，夷陵区全区有"二品一标"产品总数76个，其中绿色食品63个、有机食品5个、农产品地理标志8个；"二品"基地总面积达到16.09万亩，产量10.92万吨。试验区年接待游客150万人次，预计2025年游客接待量可突破500万人次。推动当地居民与景区周边市场主体建立紧密合作关系，拉动合作伙伴经济指标同比增收50%以上，创造就业岗位600多个，村民实现了家门口就业和就地致富，高海拔贫困山区高质量发展的内生动力不断增强。

湖北省恩施州聚焦"土、硒、茶、凉、绿"五大优势，科学谋划、长远规划，将资源优势转化为发展优势、产业优势、品牌优势，奋力建设"两山"实践创新示范区，实现绿色福利与经济红利协调发展。生态产品品牌效应形成，"恩施玉露""恩施硒茶"品牌价值在茶叶区域公用品牌价值评估中分别达到27.07亿元和23亿元，"伍家台贡茶""恩施玉露"先后获得"中国驰名商标"，全州生态产品价值不断提升，平均增值率超过30%。生态系统碳汇能力不断提升，全州林地总面积、林木蓄积量和人均林木蓄积量名列全省前茅，预计到 2025 年，全州森林蓄积量将达到 1.4 亿立方米，森林碳汇量接近 5000万吨，有望实现碳汇收入超 30 亿元。创新生态保护补偿机制，宜昌、恩施共同制定《长江（恩施州宜昌段）、清江流域生态保护补偿方案》，实现了全省跨市州流域横向生态保护补偿机制零的突破，被水利部评为全国 2022 年基层治水十大经验之首。

四、城乡绿色人居环境不断改善

重庆市全力推动乡村振兴、城市更新提升，城乡融合发展步伐加快。精准落实"五个振兴"要求，做好巩固拓展脱贫攻坚成果同乡村振兴有效衔接，新建高标准农田 255 万亩，整治农村危房 4147 户，新改建农村厕所 5 万户，完成 30 个小城镇环境提升示范项目，"三变"改革试点扩大到 3797 个村。实施城市更新提升行动，完成"三区三线"划定。"两江四岸"十大公共空间基本建成，9 个城市更新试点示范项目投用，市规划展览馆迁建完成，龙兴专业足球场建成。完成 450 个老城区环境"小而美"惠民项目，新建 25 个社区体育文化公园、73 个口袋公园。启动 33 个片区路网更新，打通"断头路"50条，完善提升人行道 1900 千米，建成 1.2 万个小微停车场泊位。完成全国城市治理风险清单管理试点，中心城区数字化管理盲区全面消除。

湖北省宜昌市推进山水融城，建设滨江公园城市。坚持"依山就势、高低起伏、疏密有致、照纹劈柴"，把好山好水好风光融入城市之中，将城市轻轻安放在山水之间。以"串园连山"搭建城市生态脉络，建成一批城市公园、郊野公园、社区公园，实现"推窗见绿、出门见园、四季见彩"，"显山、见水、透绿"的蓝绿空间初步显现。以"增花添彩"提升城市颜值气质，先后建成卷桥河湿地、灯塔广场、江豚广场等一批市民公园，因地制宜扮靓城市"妆容"。以"水系连通"活化城市碧水蓝网，引清江水进城、引运河水绕城等工程加快实施，"西水东引、南北共济、河库联调、水润宜昌"的现代水网初步构建。同步制定"县城聚、岗上居、耕地集；扫干净、码整齐、畅沟渠；修缓坡、固陡坎、顺线杆；房前花果香、屋后树隐房、田间不撂荒"等乡村建设导则，打造宜昌版"富春山居图"，"繁华都市、秀美县城、特色小镇、美丽乡村"相得益彰的城乡融合新格局加快形成。

湖北省恩施州严守规划、建管并重，不断提升城乡品质。坚持规划刚性约束，构建"大城管"格局，启动"三年创卫、十年创文"，大力实施"十大行动"，州城文明气质和城市品质明显提升。空气质量优良率位列全省 13 个国考城市首位，水环境质量全省第一，新建彩色森林3.26万亩，"恩施大峡谷—腾龙洞"进入世界地质公园候选名录，恩施州成为全省唯一、全国第六个全域"中国天然氧吧"市州。

第三节 加强示范区建设的建议

三峡地区是长江流域重要生态屏障，在服务保障葛洲坝、三峡工程等"大国重器"，推进能源绿色低碳转型，落实"双碳"战略等方面发挥着重要作用。为保障三峡地区生态环境安全、生态系统健康，持续促进人与自然和谐发展，加快推动三峡地区绿色低碳发展示范区建设纳入国家发展战略，建议按照生态保护、产业转型、乡村振兴、区域协同、机制保障统筹推进的思路推进以下重点任务。

一、着力改善生态环境质量，筑牢守好三峡地区生态屏障

把保护和修复长江生态摆在压倒性位置，坚持源头治理、系统治理、自然修复为主的方针，科学确立三峡地区生态修复总体目标和战略任务，有序部署生态修复重大工程，科学推进山水林田湖草一体化保护修复，加强生态环境污染治理，提升三峡地区生态系统质量和稳定性，筑牢守好生态安全屏障。

大力推进三峡地区生态修复。加快推进危及长江及其主要支流库岸安全的山体及岸线受损、消落带和水土流失及石漠化等问题的治理修复工作，强化河道河堤整治和防洪护坡力度，推进实施长江两岸造林绿化工程，逐步恢复长江岸线生态功能。加快推进水土流失治理，大力推进坡耕地、严重石漠化耕地、严重污染耕地等退耕还林还草，增强水源涵养和水土保持能力。加大三峡地区矿山生态修复力度，重点推进涉煤矿山、磷矿区矿山、露天矿山等矿山生态治理与恢复。依托森林、草原、湿地等生态系统，构建国家公园、湿地保护区等生态保护修复项目，实施生物多样性保护工程。

落实水环境治理。深入践行习近平生态文明思想，深刻领会习近平总书记关于长江大保护、长江经济带发展的系列重要讲话和重要指示批示精神，把长江、清江生态修复保护摆在压倒性位置，加强流域综合治理。在上游地区加强对干流源头水生态环境的综合整治，建设沿线生态护坡；在中游地区加强入河排污口规范化整治和船舶水污染排放监管，建设沿江城市生活污水收集处理系统，开展农业种植与规模化畜禽养殖场污染防治，加大饮用水源地保护；在下游地区加强隔河岩、高坝洲等水工程生态调度。

推进土壤污染治理。要加强土壤污染风险管控，强化土壤污染源头防治和监测，严格控制涉重金属污染物排放，排查整治涉重金属矿区历史遗留固体废物，加强尾矿库、磷石膏渣场的综合管理整治，加强矿产资源开发准入管理，推动重点行业绿色化改造。严格新建项目审批，防范工矿企业新增用地土壤污染，加强土壤污染监管，落实沿江化工企业关改搬转。持续推进耕地分类管理，坚持最严格的耕地保护制度，严格控制污染地块准入。有序推进土壤污染治理修复，实施耕地质量保护与提升行动，提升土壤有机质含量，遏制土壤酸化。

实施大气污染防治。锚定"双碳"目标，持续推进大气污染防治攻坚，推进重点工业企业大气污染防治减排项目，实施玻璃、有色、石化、工业锅炉等行业污染深度治理，强化工业企业无组织排放全过程管控。实施重点区域、重点时段、重点领域、重点行业污染治理，强化分区分时分类差异化精细化协同管控，推动城市 PM2.5 浓度持续下降，有效遏制 O_3 浓度增长趋势。

二、着力推动产业绿色转型，培育发展三峡地区生态经济

树立低碳节能、绿色环保的发展理念，围绕"双碳"目标要求，结合数字经济发展趋势，优化产业结构，加快淘汰落后产能，推动传统产业转型升级，提高资源能源利用效率，构建绿色产业体系，推进产业生态化和生态产业化协同发展，形成资源节约和环境友好的生产方式和生活方式，促进三峡地区经济社会发展全面绿色转型。

推进产业发展生态化。全面落实国家碳达峰碳中和目标要求，认真贯彻重庆市和湖北省碳达峰碳中和相关工作部署，推进磷矿、化工等传统产业降碳减污。加大传统产业技术改造投入力度，推广使用高效、低碳节能减排和清洁生产新技术、新工艺和新设备，加强重点污染物的治理，提高资源能源利用效率，以磷石膏无害化处理、安全环保堆存和资源化利用为突破口，发展循环经济，引导化工园区形成上下游一体化的循环经济产业链。大力发展可再生能源，推动风力发电发展。增强产业技术创新能力，壮大电子信息、高端装备、生物医药、新材料等战略性新兴产业规模，发挥龙头骨干企业在招才引智、招商引资等方面的带动引领作用，加强特色产业集聚水平，构建新材料、新能源、生物医药全产业链发展示范区。

探索生态资源产业化。深入践行"两山"理论，发展高效生态农业，实施农田生态工程，大力发展油料、蔬菜、烟叶、药材、豆类、柑橘等名特优新

产品，推动三峡地区建成全国有影响力的果品产业带和中药材生产基地。发挥特色资源优势，壮大生态农产品精深加工产业，发挥鄂西餐饮特色，以"三峡"为品牌打造预制菜产业聚集区，不断增强农产品附加值。大力发展生态文化旅游产业，充分挖掘三峡地区各具特色的历史文化、自然山水和民俗风情，依托沿线的长江三峡风光、两坝一峡资源、野三关景点等，形成多品牌支撑、多业态并存、连点串线成面的全域旅游发展格局。以"旅游+""+旅游"理念创新业态，促进"农旅""文旅""林旅""康旅""体旅""工旅"深度融合，打造全业旅游发展示范区。探索生态产品价值实现的市场化机制，建设"两山"实践创新示范区。

大力发展数字经济。围绕数字产业化、产业数字化、大数据协同等领域打造三峡地区数字经济产业园，高标准建设绿色、零碳数据中心，促进数字经济和实体经济深度融合。依托三峡高科，建设集大数据产业存储、交易、孵化于一体的"三峡数谷"，打造数字经济产业链。以三峡工程为中心，推动风光水储一体化，有序建设光伏、风电、生物质能等新能源发电站和储能电站，加快页岩气开发利用，探索发展氢能产业，为支撑数字经济发展的"心脏"持续跳动确保绿色且稳定的能源供应。以创建全国文明典范城市和建设长江大保护典范城市为契机，协同推进智慧城市治理体系，将三者有机结合起来，为支撑数字经济发展的"躯体"长期健康运行提供有力的保障。

三、着力完善基础设施建设，加快推进三峡地区乡村振兴

扎实做好巩固拓展脱贫攻坚成果同乡村振兴有效衔接，全面实施乡村建设行动，深入推进绿色物流基础设施建设、农村人居环境整治。发挥数字技术效应，促进农业数字化转型和数字乡村建设，推动建设产业高质高效、乡村宜居宜业、农民富裕富足的生态美丽乡村。

完善绿色交通基础设施。加强综合交通网络建设，打通江铁海联运新通道，促进多式联运中心等联动发展，提升交通运输服务能力，实施三峡机场改扩建工程，加快建设三峡枢纽港。依托长江黄金水道，建设以"公路主骨架、水运主通道、铁路大动脉、港站主枢纽、空中大走廊"为格局的物流通道网络，加强铁水公空基础设施在物流枢纽上的无缝对接，重点完善多式联运基础设施，加快集疏运通道建设，构建现代化立体综合运输走廊。建设三峡枢纽铁水、公水、管水联运转运体系，支持推进三峡枢纽水运新通道建设，缓解三峡大坝过坝能力的"瓶颈"限制，完善"南北分流"的联运转运格局，形成具

备煤炭、矿石、集装箱、商品汽车等货物的联运转运功能。大力推进国家级物流枢纽建设，布局建设一批省级物流枢纽。

做专做大特色小镇核心产业。秉承"产城人文"四位一体的全新发展理念，推动产业、文化、旅游深度融合，根据地方资源特色建设培育一批以山水、生态、民俗、康养、农产、休闲等为主体的特色小镇，实施"一镇一策"，做强小镇特色农业，做深小镇文化底蕴，做亮小镇品牌风格。依托绿色有机农产品特色优势，发展一批生态农产品加工小镇，培育生态农业。立足自然生态风光和地方特色民俗文化，发展一批文旅小镇，培育文化旅游产业，把三峡地区建设成为集生态农业、历史文化、乡村旅游为一体的特色小镇发展示范区。

发展乡村数字经济。加快推进光纤、5G网络等新一代通信基础设施建设布局，提升乡村网络设施水平。开展"互联网+农业"行动做活乡村数字经济，依托数字网络技术开展农产品智能化生产和网络化经营。加快数字化与乡村治理深度融合，推进"互联网+""信息化+"党建、政务、基层管理、应急等，提升乡村治理智能化、数字化、精细化、专业化水平。加快构建乡村数字化综合服务平台，畅通民生诉求渠道，完善查询、咨询、新闻宣传等服务功能，开发拓展"智慧+生活"场景，做优乡村数字服务。

四、着力深化区域交流合作，统筹推进三峡地区协同发展

推动重庆市和湖北省深化合作，促进宜昌市和恩施州协调联动，加强三峡地区与上下游毗邻地区在产业发展、基础设施建设、污染防治、资源管理等方面的交流合作，建立绿色协同发展联络机制，加强流域生态环境共防、共治、共保、共建、共享，形成区域生态环境协同治理和绿色联动发展经验。

加强生态环境共建共治。围绕生态三峡建设，推动各地区统一规划、统一政策、统一标准、统一管控，建设高效一体的基础设施网络，强化交界区域的合作，建立跨区域生态补偿机制。统筹推进三峡库区水环境治理、水生态修复、生态廊道保护与修复工程，完善流域生态环境协同治理机制。深化区域合作，谋划一批争取国家支持的区域性绿色低碳发展政策，共同推进三峡地区绿色生态发展。

有序引导产业转移承接。充分利用国家对长江经济带沿岸地区、重点生态功能区、少数民族聚集区、集中连片特困地区、三峡库区等地区的政策优势，增强各地区承接产业转移的吸引力和支撑力。对接长江经济带电子信息、高端装备、纺织服装等产业所形成的世界级产业集群优势，依托当地产业资源特色，在电子信息、精细化工、新材料等领域形成规模效应和集聚效应，增强地区承接产业转移能力。用好中医药政策红利，积极承接武汉等地区生物医药技术和生物医药产业转移，重点发展中药饮片、中间物提取、中成药、保健品、医疗器械等产业，壮大生物医药产业集群规模，打造民族民间医药文化展示区和三峡地区道地药材主产区。

加强产业分工协作。落实重庆市"一圈两群"区域协调发展格局和湖北省"一主引领、两翼驱动、全域协同"区域发展布局，围绕打造中部地区先进制造业集聚地要求，聚焦新材料、新能源、精细化工、生物医药等重点领域，深入实施延链补链强链行动，畅通"产业链"堵点，促进产业链上下游融通协同发展。发挥自然山水、气候生态、历史文化等优势，加强三峡地区旅游资源整合，优化全域旅游布局，提升旅游服务质效，探索"旅游+"新模式，推进区域旅游协同发展，打造全国知名的全域旅游品牌，建设国家全域旅游示范区。

五、着力推进体制机制创新，强力保障三峡地区生态发展

用足用好国家和省、市各项政策，建立健全长江大保护的管理领导机制，完善绿色发展绩效考核机制，加快生态文明体制改革，创新产业协调发展机制，健全区域合作机制，破除各种体制机制障碍，畅通"两山"转化渠道。

健全自然资源资产产权制度。编制自然资源资产负债表，对不同种类的自然资源对生态系统服务功能的贡献进行统一衡量并核算为无差别的货币单位，科学考察各类自然资源的生态服务价值。稳步推进水域、土地、矿产、森林等重要自然资源资产产权确权登记，摸清自然资源家底，建立完整全面的自然资源资产数据统计资料库，逐步建立自然资源资产产权制度。

完善生态保护补偿机制。按照"受益者补偿、损害者赔偿、保护者受偿"的原则，建立和完善流域横向生态保护补偿机制，开展跨区域联防联治。加大政府生态保护补偿资金转移支付力度，推进重点生态功能区转移支付实施差异化补偿，完善纵向生态保护补偿制度。通过对口支援、产业园区共建、产业转移、实物补偿、社会捐赠、基础设施投资、生态产品交易等方式，拓展市场化和多元化生态保护补偿机制。

创新产业协调发展机制。整合旅游资源，建立旅游一体化领导工作机

制，完善景区综合交通网络，推进旅游一体化建设。营造良好营商环境，发挥重大项目、龙头企业在招才引智、招商引资、产业集聚等方面的带动引领作用，提升产业链创新能力和发展水平。加强区域协商合作，共同谋划建设一批重点项目，争取国家重大政策、国家级论坛会址、国家级文旅项目等落地三峡地区。

参 考 文 献

[1] Anass Barrahmoune, Youness Lahboub, Abderrahmene El Ghmari. Ecological footprint accounting: a multi-scale approach based on net primary productivity [J]. Environmental Impact Assessment Review, 2019, 77.

[2] Andersen, M. S. An introductory note on the environmental economics of the circular economy [J]. Sustainability Science, 2007, 2 (1): 133-140.

[3] Christer, R., Marianne, O. Evaluation of eco-efficiency in iron-and steelmaking by use of a process integration tool [J]. IEEE, 2015.

[4] Dejene Tesema Bulti, Tibebu Assefa. Analyzing ecological footprint of residential building construction in Adama City, Ethiopia [J]. Environmental Systems Research, 2019, 8 (1).

[5] Destek Mehmet Akif, Okumus Ilyas. Does pollution haven hypothesis hold in newly industrialized countries? Evidence from ecological footprint. [J]. Environmental science and pollution research international, 2019.

[6] Edward B. Barbier, Joanne C. Burgess. Sustainable development goal indicators: analyzing trade-offs and complementarities [J]. World Development, 2019, 122.

[7] George D A R, Lin B C, Chen Y. A circular economy model of economic growth [J]. Environmental Modelling & Software, 2015 (73): 60-63.

[8] Hongwei Dong, Peng Li, Zhiming Feng, Yanzhao Yang, Zhen You, Qiang Li. Natural capital utilization on an international tourism island based on a three-dimensional ecological footprint model: a case study of Hainan Province, China [J]. Ecological Indicators, 2019, 104.

[9] Kobayashi Y, Kobayashi H, Hongu A, et al. A practical method for quantifying eco-efficiency using eco-design support tools [J]. Journal of Industrial Ecology, 2005, 9 (4): 131-144.

[10] Muhammad Wasif Zafar, Syed Anees Haider Zaidi, Naveed R. Khan, Faisal

Mehmood Mirza, Fujun Hou, Syed Ali Ashiq Kirmani. The impact of natural resources, human capital, and foreign direct investment on the ecological footprint: the case of the United States [J]. Resources Policy, 2019, 63.

[11] Pearce, D. W. and Turner, R. K. Economic of Natural Resources and Environment [M]. Harvester Wheatseat, Hemel Lempstead, 1990.

[12] Romero D, Molina A. Green virtual enterprise breeding environments: a sustainable industrial development model for a circular economy [M]. Collaborative Networks in the Internet of Services. Springer Berlin Heidelberg, 2012: 427-436.

[13] Shasha Lu, Fan Qin, Ni Chen, Zhongyao Yu, Yaming Xiao, Xiaoqin Cheng, Xingliang Guan. Spatiotemporal differences in forest ecological security warning values in Beijing: using an integrated evaluation index system and system dynamics model [J]. Ecological Indicators, 2019, 104.

[14] Sucui Li, Wu Xiao, Yanling Zhao, Jianfei Xu, Hongzhi Da, Xuejiao Lv. Quantitative analysis of the ecological security pattern for regional sustainable development: case study of Chaohu Basin in Eastern China [J]. Journal of Urban Planning and Development, 2019, 145 (3).

[15] Xue Wu, Shiliang Liu, Yongxiu Sun, Yi An, Shikui Dong, Guohua Liu. Ecological security evaluation based on entropy matter-element model: a case study of Kunming city, Southwest China [J]. Ecological Indicators, 2019, 102.

[16] Yunyun Li, Ling-en Wang, Shengkui Cheng. Spatiotemporal variability in urban HORECA food consumption and its ecological footprint in China [J]. Science of the Total Environment, 2019.

[17] Zhenxing Xiong, Hong Li. Ecological deficit tax: A tax design and simulation of compensation for ecosystem service value based on ecological footprint in China [J]. Journal of Cleaner Production, 2019, 230: 1128-1137.

[18] 奥布力·塔力普, 杨雯晶, 阿里木江·卡斯木. 基于生态足迹的南疆地区可持续发展研究 [J]. 开发研究, 2017 (2): 96-100.

[19] 本报评论员. 在推进长江经济带绿色发展中发挥示范作用 [N]. 重庆日报, 2022-01-05.

[20] 包晓斌, 李月婷. 长江经济带绿色发展策略 [J]. 中国井冈山干部学院学报, 2023 (1).

[21] 陈芳，吴春玮，曹晓芸．长江经济带绿色发展不平衡的驱动机制——市场失灵还是政府失灵？［J］．安庆师范大学学报（社会科学版），2023（1）．

[22] 邓淇中，秦燕丝，何晓慧．长江经济带包容性绿色发展时空异质特征及影响因素识别［J］．中南林业科技大学学报（社会科学版），2022（1）．

[23] 范昊天，宋静思．坚持生态优先，推动长江经济带绿色发展［N］．人民日报，2022-06-13．

[24] 范恒山．推进循环经济发展　助力生态文明建设［J］．宏观经济管理，2018（1）．

[25] 冯银，付宏，陶珍生，汪金伟．长江经济带工业绿色发展与生态环境优化协调发展研究［J］．湖北经济学院学报，2020（5）．

[26] 何伟，胡鸿兴，沈虹，王钰，徐福留．湖北省"两圈"生物资源生态足迹动态分析［J］．中国人口·资源与环境，2011，21（2）：167-174．

[27] 黄磊，吴传清．长江经济带污染密集型产业集聚时空特征及其绿色经济效应［J］．自然资源学报，2022（1）．

[28] 邓波，洪绂曾，龙瑞军．区域生态承载力量化方法研究述评［J］．甘肃农业大学学报，2003（3）．

[29] 黄青，任志远．论生态承载力与生态安全［J］．干旱区资源与环境，2004（2）．

[30] 黄庆华，邓成玉．长江经济带绿色发展水平测度及影响因素研究——来自2006—2017年110个地级市的证据［J］．上海商学院学报，2021（6）．

[31] 蒋依依，王仰麟，卜心国，王建华．国内外生态足迹模型应用的回顾与展望［J］．地理科学进展，2005（2）．

[32] 冷梦思，张利平，邓瑶，肖宜，夏军．长江上游城市群绿色发展水平时空演变特征及其影响因素辨识［J］．武汉大学学报（工学版），2022（1）．

[33] 李可愚．财政部：推动国家绿色发展基金等重点投向长江经济带［N］．每日经济新闻，2021-09-03．

[34] 刘嗣方，张永恒，杨姝，李钰，黄意武．守护好一江碧水两岸青山．［N］．光明日报，22022-04-15．

[35] 李思远，周凯，汪海月，马姝瑞．生态美·产业兴·文化昌［N］．新华每日电讯，2022-06-10．

［36］李维维．联合国环境规划署：迈向"绿色经济"，共赢全球未来［J］．低碳世界，2012（4）．

［37］李学慧，钱力．西北地区新型城镇化发展水平测度［J］．社科纵横，2015，30（8）：58-61．

［38］刘建武，周小毛，刘云波．长江经济带绿色发展报告（2017）［M］．北京：社会科学文献出版社，2018．

［39］刘淼，胡远满，李月辉，常禹，张薇．生态足迹方法及研究进展［J］．生态学杂志，2006（3）．

［40］刘睿劼．基于改进的生态足迹模型的地区承载力评价研究［D］．北京：清华大学，2014．

［41］刘杨，杨建梁，梁媛．中国城市群绿色发展效率评价及均衡特征［J］．经济地理，2019（2）：110-117．

［42］刘宇辉，彭希哲．中国历年生态足迹计算与发展可持续性评估［J］．生态学报，2004（10）．

［43］龙丹梅，陈佳欣．巫溪加快建设长江经济带生态优先绿色发展先行示范区［N］．重庆日报，2022-04-27．

［44］龙爱华，张志强，苏志勇．生态足迹评介及国际研究前沿［J］．地球科学进展，2004（6）．

［45］凌云．擦亮长江"风景眼"［N］．人民政协报，2023-06-21．

［46］林峥．聚焦绿色发展　助推长江经济带建设［J］．审计观察，2022（1）．

［47］鹿瑶，李效顺，蒋冬梅，郎文婧，沈春竹，魏旭晨．区域生态足迹盈亏测算及其空间特征——以江苏省为例［J］．生态学报，2018，38（23）．

［48］吕丹，叶萌，杨琼．新型城镇化质量评价指标体系综述与重构［J］．财经问题研究，2014（09）．

［49］马回，尹传斌，李志萌．长江经济带绿色发展水平的多维度动态评价［J］．统计与决策，2023（5）．

［50］马克明，傅伯杰，黎晓亚，关文彬．区域生态安全格局：概念与理论基础［J］．生态学报，2004（4）．

［51］马建平．几个经济发展前沿理念的辨识与比较［J］．经济纵横，2013（6）．

［52］毛汉英，余丹林．区域承载力定量研究方法探讨［J］．地球科学进展，2001（4）．

［53］聂玉立，温湖炜．中国地级以上城市绿色经济效率实证研究［J］．中国

人口·资源与环境，2015，25（S1）：409-413.

[54] 彭建，吴健生，蒋依依，叶敏婷．生态足迹分析应用于区域可持续发展生态评估的缺陷［J］．生态学报，2006（8）.

[55] 彭国川．重庆推进长江经济带生态优先绿色发展的着力点［J］．当代党员，2022（1）.

[56] 钱玲，龚明波，刘媛．循环经济、低碳经济和绿色经济及我国的战略选择［J］．当代经济，2012（3）.

[57] 钱争鸣，刘晓晨．中国绿色经济效率的区域差异与影响因素分析［J］．中国人口.资源与环境，2013（7）.

[58] 秦尊文．推进长江经济带绿色发展的思考［N］．人民长江报，2016-03-19（5）.

[59] 秦尊文．生态文明、城镇化与绿色GDP［J］．学习月刊，2013（3）.

[60] 曲婷．长江经济带绿色发展政策的演进与展望［J］．长江技术经济，2022（2）.

[61] 沈曼．长江经济带在建绿色发展示范区对岳阳示范区建设的启示［J］．岳阳职业技术学院学报，2023（2）.

[62] 史安娜，黄华清．长江经济带产业绿色发展水平及影响［J］．水利经济，2022（1）.

[63] 陶硕．长江经济带工业绿色发展效率测度——基于考虑指标偏好的广义DEA模型［J］．价值工程，2022（2）.

[64] 任桐，刘继生．吉林省旅游竞争力的空间维度及其障碍度分析［J］．经济地理，2011，31（12）.

[65] 孙鸿烈，郑度，姚檀栋，张镱锂．青藏高原国家生态安全屏障保护与建设［J］．地理学报，2012，67（1）.

[66] 孙咏．生态足迹视阈下恩施州可持续发展研究［D］．恩施：湖北民族学院，2017.

[67] 唐啸．绿色经济理论最新发展述评［J］．国外理论动态，2014（1）.

[68] 田培，韩昊廷，李佳，王永强，王菲．长江经济带水资源开发保护与绿色发展的耦合协调关系研究［J］．长江流域资源与环境，2023（4）.

[69] 汪凌志．长江经济带绿色发展水平测度及耦合协调分析［J］．湖北理工学院学报（人文社会科学版），2022（5）.

[70] 王兵，唐文狮，吴延瑞，张宁．城镇化提高中国绿色发展效率了吗?［J］．经济评论，2014（4）.

[71] 王根绪，程国栋，钱鞠．生态安全评价研究中的若干问题［J］．应用生态学报，2003（9）．

[72] 王健．大江奔流，再出发［N］．南京日报，2021-11-14.

[73] 王如松．生态整合与文明发展［J］．生态学报，2013，33（1）．

[74] 王书华，毛汉英，王忠静．生态足迹研究的国内外近期进展［J］．自然资源学报，2002（6）．

[75] 王维，张涛，王晓伟，文春生．长江经济带城市生态承载力时空格局研究［J］．长江流域资源与环境，2017，26（12）．

[76] 王伟，文杰，孙芳城．政府环境审计对长江经济带绿色发展的影响［J］．长江流域资源与环境，2022（3）．

[77] 王新越，宋飏，宋斐红，于世远．山东省新型城镇化的测度与空间分异研究［J］．地理科学，2014，34（9）．

[78] 王翔．广阳岛　长江经济带绿色发展示范的引领之地［N］．重庆日报，2021-08-16.

[79] 王翌秋，郭冲．长江经济带绿色金融与产业绿色发展耦合协调研究［J］．河海大学学报（哲学社会科学版），2022（2）．

[80] 魏后凯，苏红键，韩镇宇．中国城镇化效率评价分析——基于资源环境效率的视角［J］．中国地质大学学报（社会科学版），2017，17（2）．

[81] 吴传清，宋筱筱．长江经济带城市绿色发展影响因素及效率评估［J］．学习与实践，2018（4）．

[82] 伍国勇，段豫川．论超循环经济——兼论生态经济、循环经济、低碳经济、绿色经济的异同［J］．农业现代化研究，2014，35（1）．

[83] 吴传清，孟晓倩．长江经济带数字化转型对制造业绿色发展影响研究［J］．南通大学学报（社会科学版），2022（6）．

[84] 吴武林，罗世华，刘祥官．长江经济带包容性绿色发展的测度评价、动态分布与收敛趋势［J］．江西财经大学学报，2022（6）．

[85] 肖笃宁，陈文波，郭福良．论生态安全的基本概念和研究内容［J］．应用生态学报，2002（3）．

[86] 谢花林，李波．城市生态安全评价指标体系与评价方法研究［J］．北京师范大学学报（自然科学版），2004（5）．

[87] 徐中民，程国栋，张志强．生态足迹方法的理论解析［J］．中国人口·资源与环境，2006（6）．

[88] 徐中民，张志强，程国栋，陈东景．中国1999年生态足迹计算与发展

能力分析［J］. 应用生态学报，2003（2）.

［89］徐中民，张志强，程国栋. 甘肃省1998年生态足迹计算与分析［J］. 地理学报，2000（5）.

［90］杨开忠，杨咏，陈洁. 生态足迹分析理论与方法［J］. 地球科学进展，2000（6）.

［91］杨茂富，文静. 坚持生态优先不动摇 实现绿色发展新成效——2021年长江经济带发展统计监测分析［J］. 中国统计，2022（6）.

［92］易欣，程莉. 互联网技术普及对长江经济带农业绿色发展的影响研究［J］. 湖北经济学院学报，2022（2）.

［93］余依琳，谈思宏. 纵深推进长江经济带绿色发展示范区建设［N］九江日报，2023-02-27.

［94］俞孔坚，王思思，李迪华，李春波. 北京市生态安全格局及城市增长预景［J］. 生态学报，2009，29（3）.

［95］曾浩，余瑞祥，左桠菲，丁镭. 长江经济带市域经济格局演变及其影响因素［J］. 经济地理，2015，35（5）.

［96］张鹏飞. 基于生态足迹的成都市可持续发展研究［D］. 成都：西南交通大学，2018.

［97］张仁杰，董会忠. 长江经济带城市绿色发展水平测度与空间关联结构分析［J］. 统计与决策，2022（4）.

［98］张玉龙，葛继稳，张志祥. 改进生态足迹模型在湖北省可持续发展研究中的应用［J］. 中国地质大学学报（社会科学版），2009，9（3）.

［99］张倪. 以生态优先绿色发展为引领，推动长江经济带高质量发展［J］. 中国发展观察，2021（17）.

［100］张辉，郑轩. 为"长江巨龙更好起舞"凝聚共识汇聚力量［N］. 湖北日报，2021-10-20.

［101］张亦筑，冉罗楠. 聚焦"智慧+""创新+""绿色+"加快建设广阳湾智创生态城［N］. 重庆日报，2022-03-22.

［102］张志强，徐中民，程国栋. 生态足迹的概念及计算模型［J］. 生态经济，2000（10）：8-10.

［103］赵东升，郭彩赟，郑度，刘磊，吴绍洪. 生态承载力研究进展［J］. 生态学报，2019，39（2）.

［104］赵瑞祥. 加快荆州建设长江经济带绿色发展示范区的建议［J］. 当代经济，2021（8）.

［105］赵廷虎．共同书写长江经济带高质量发展新答卷——来自长江沿线 11 省市的报告［J］．当代党员，2019（1）．

［106］周宁．基于改进生态足迹方法的重庆市生态承载力时空动态研究［D］．重庆：重庆师范大学，2017．

［107］周清香，李娟娟．经济集聚对绿色发展效率的影响效应及作用机制［J］．统计与决策，2023（6）．

［108］周星宇，郑段雅．武汉城市圈生态安全格局评价研究［J］．城市规划，2018，42（12）．

［109］朱新玲，黎鹏，甘丽华，蔡颖．长江经济带生态足迹的驱动因素研究——以湖北省为例［J］．中南林业科技大学学报（社会科学版），2017，11（3）．

［110］朱亚琪．生态文明思想引领长江经济带优先绿色发展的研究［J］．农村经济与科技，2022（1）．

［111］左伟，王桥，王文杰，刘建军，杨一鹏．区域生态安全评价指标与标准研究［J］．地理学与国土研究，2002（1）．

［112］左伟，周慧珍，王桥．区域生态安全评价指标体系选取的概念框架研究［J］．土壤，2003（1）．

后　记

2018 年 4 月，习近平总书记提出在长江经济带"选择具备条件的地区开展生态产品价值实现机制试点"。推动长江经济带发展领导小组办公室认真贯彻落实这一重要指示精神，决定先行先试、以点带面，先后支持上海崇明、湖北武汉、江西九江、重庆广阳岛、湖南岳阳开展长江经济带绿色发展示范，支持浙江丽水、江西抚州开展长江经济带生态产品价值实现机制试点，积极推进赤水河流域、三峡地区等重点区域生态优先、绿色发展，形成"5+2"的试点示范格局。目前，试点示范地区结合自身基础和独特优势，通过"护绿"为本、产业"添绿"、科技"助绿"、"点绿"成金、推陈"革绿"，初步探索出一些可复制推广的经验模式，为长江经济带走出一条生态优先、绿色发展之路。为反映长江经济带国家级绿色发展方面的试点成效，进一步在全流域乃至全国产生示范效应，我们决定撰写《国家长江经济带绿色发展试点示范研究》一书，并纳入《长江经济带高质量发展研究丛书》。

全书分为 10 章，各章节执笔人如下：第一章国家长江经济带绿色发展试点示范的背景与意义、第二章长江经济带绿色发展的理论基础，由付晨玉撰写；第三章上海崇明长江经济带绿色发展示范，由秦尊文撰写；第四章湖北武汉长江经济带绿色发展示范，第一节由刘泓撰写，第二、三节由秦尊文、刘泓撰写；第五章江西九江长江经济带绿色发展示范，第一、二节由秦尊文撰写，第三节由刘泓撰写；第六章重庆广阳岛长江经济带绿色发展示范，由刘泓撰写；第七章湖南岳阳长江经济带绿色发展示范、第八章浙江丽水生态产品价值实现机制试点、第九章江西抚州生态产品价值实现机制试点，均由刘汉全撰写；第十章三峡地区绿色低碳发展示范区建设，由付晨玉撰写。本书由秦尊文统稿。

本书在写作过程中，我们参考了各市相关文件和规划的内容，特作说明并致谢！由于我们水平有限，本书肯定存在一些不足之处，敬请广大读者批评指正。

作　者

2023 年 7 月